K-콘텐츠의 맥락
: 숨겨진 메시지

K-CONTENTS
DECODE
:HIDDEN
LAYERS

박현민 대중문화 칼럼집

: 크레딧이 올라가면 생각은 글이 된다

어린 시절을 떠올려 본다. TV는 그저 유혹의 상징이었다. 미래의 더 나은 삶을 구축하는 것을 앗아가는 유혹의 바보상자! 숙제를 모두 끝내야 겨우 제한된 시청이 가능했고, 일부 어른들은 그것마저 막기 위해 리모컨을 숨기거나 코드를 뽑는 일도 서슴지 않았다. 선택할 수 있는 콘텐츠의 양도, 플랫폼의 폭도 제한적이었기에 가능했던 통제다. 하지만 지금은? TV뿐 아니라 스마트폰, 태블릿, 노트북 등 손안의 기기로 무수한 콘텐츠가 쏟아진다. 자의든 타의든, 우리는 매일 엄청난 양의 영상과 이야기에 노출된다. 이제 리모컨을 숨기거나 콘센트를 뽑는 방식으로는 콘텐츠 소비를 막는 일이 불가능하다. 그렇다면 이왕 접하는 콘텐츠, 좀 더 건설적으로 볼 수는 없을까?

2000년대 초반에는 '무엇을 보느냐'가 개인의 취향과 가치관을 반영하는 중요한 기준이었다. 특정 장르를 선호하고, 특정 감독이나 배우의 작품을 즐겨보는 것은 그 사람의 취향과 문화적 성향을 가늠하는 역할을 했다. 하지만 콘텐츠 수가 기하급수적으로 늘어나고 접근성이 폭발적으로 높아진 지금은 어떤가. '무엇을 보느냐'보다 '어떻게 보느냐'가 중요한 시대로 변했다.

동일한 작품을 보더라도, 그것을 어떤 시각과 태도로 바라보느냐는 단순 취향의 차이를 넘어선다. 콘텐츠가 던지는 메시지를 어떻게 해석하는지는 곧 그 사람의 사고방식과 세상을 이해하는 방식과 자연스레 맞닿아 있다. 같은 장면을 보고도 누군가는 이를 사회적 은유로 읽어내고, 누군가는 단순한 오락으로 소비한다. 결국, '보는 행위'에서 '읽는 행위'로의 전환이 필요하다. 보는 것은 순간적인 감각에 머물지만,

읽는 것은 의미를 해석하고 맥락을 파악하며 새로운 통찰을 창조하는 과정의 일부다. 우리가 매일 마주하는 콘텐츠도 그렇게 '읽어낼' 수 있다면, 재미를 넘어 우리 삶을 풍요롭게 만드는 중요한 자양분이 될 수 있지 않을까?

콘텐츠를 읽는 행위는, 그 작품이 품고 있는 시대와 사회를 포착하고, 작품이 던지는 질문에 대해 스스로 답을 찾아가는 능동적 과정이다. 왜 지금 시기에 이러한 이야기가 탄생했을까? 왜 이 캐릭터의 선택이 모두의 공감을 불러일으켰을까? 특정 장르나 트렌드가 유독 강세를 보이는 이유는 과연 무엇일까? 콘텐츠를 수동적으로 소비하지 않고, 그것이 말하는 바를 읽고 해석하는 순간, 익숙한 작품들도 전혀 새로운 의미로 다가올 수 있다.

이 책은 그러한 숨겨진 맥락을 찾는 여정의 동반자다. 앞서 집필한 『K-콘텐츠로 보는 현대사회』가 K-콘텐츠를 통해 동시대 사회를 조망했다면, 『K-콘텐츠의 맥락: 숨겨진 메시지』는 여기에서 더 나아가 콘텐츠를 단순한 여흥이 아닌 세상을 해석하는 실마리로 삼고자 한다. 이 책은 아직 작품을 보지 않은 이들에게는 작품 선별의 기준이 되고, 이미 본 이들에게는 해석과 비교의 장이 될 것이다.

같은 작품을 본 사람들끼리 이야기를 나눌 때, 가장 흥미로운 순간은 언제일까? 비슷한 감상을 공유하며 공감대를 형성하는 것도 즐겁지만, 전혀 예상치 못한 지점에서 해석이 갈리는 순간은 더욱 짜릿하다. 같은 장면을 보고도 완전히 다른 의미로 받아들이는 이유는, 콘텐츠가 단순한 이야기가 아니라 우리의 경험과 사고방식을 비추는 거울이기 때문이다.

우리는 점점 더 많은 콘텐츠를 소비하지만, 이를 해석하고 논의하는 문화는 여전히 부족하다. 수많은 리뷰와 해설이 넘쳐나는 시대이지만, 그것이 과연 우리 스스로의 사유와 해석을 풍요롭게 만들어 주는가? 혹은 단순히 누군가의 감상을 수동적으로 받아들이고 있지는 않은가? '보는 것'에서 '읽는 것'으로의 전환이 필요하다는 주장은 단순히 개인의 감상법에 대한 것이 아니다. 그것은 우리가 콘텐츠를 통해 무엇을 얻을 수 있는가, 그리고 그 과정에서 어떻게 성장할 수 있는가에 대한 이야기다.

그러니 이제, K-콘텐츠를 단순히 '보는 것'에서 읽는 것'으로 전환할 차례다. 익숙한 화면 속에서 숨겨진 맥락을 발견하고, 새로운 시선으로 다시 바라보는 경험. 이 책은 그 여정을 위한 가이드가 될 것이다.

- 2025년 유독 긴 설 연휴의 끝자락에서, 박현민

목차

기억을 걷는 시간 속으로

<선재 업고 튀어>

만약 최애를
구할 수 있는
기회가 온다면?

tvN 16부작 드라마 <선재 업고 튀어>
Lovely Runner | 2024.04.08~05.28

안타깝게 생을 마감한 남자, 그 남자를 살리기 위해 과거로 간 여자. 절절한 로맨스가 먼저 떠오르겠지만, 두 남녀는 사랑하는 연인이 아닌 스타와 팬의 관계다. '만약 당신의 최애를 구할 수 있는 기회가 온다면?'이라는 가정에서 비롯돼 2024년 상반기 MZ세대의 관심을 꼭 붙들었던 드라마 <선재 업고 튀어>다. 제목에서부터 피어나는 장르적 상큼함은 주연으로 호흡을 맞춘 변우석, 김혜윤과 만나며 더욱 시너지를 냈다. 불륜과 살인 등 '마라맛'으로 점철된 도파민 유발 작품들 틈에서, 좀처럼 보기 드문 청춘 남녀의 풋풋한 로맨틱 코미디라는 사실에 반가움부터 앞선 이들도 상당했다. 이는 오히려 '달콤함'이라는 신선한 즙을 짜내며 시청자의 사랑을 듬뿍 받는 핵심 요소로 자리잡은 모양새다. 게다가 그 달달한 온기 속에는, 우리가 놓친 중요한 무언가가 존재한다.

<선재 업고 튀어>는 시간에 대한 이야기다. 2023년 서른 넷의 임솔(김혜윤)이 2008년 열아홉살인 고3 임솔 시절로 돌아가게 되면서 벌어지는 일이 서사의 중심축을 이룬다. 다만, 전술한 이유로 임솔은 2023년 죽게 되는 자신의 최애 아이돌 류선재(변우석)의 비극을 막고자, 15년 전으로 회귀한

상황을 파악한 시점부터 곧바로 이를 막기 위한 고군분투에 돌입한다. 물론 녹록지 않다. (이게 쉬웠더라면 드라마가 16부작일리가 없을 테니깐.) 미래에 벌어진 일에 대한 이야기만 꺼내면, 자신을 제외한 모든 것이 흑백으로 멈춰서는 기현상 탓에 직접 설득은 애초에 불가능하다. 그러니 자연스럽게 스며들듯 접근해 서서히 영향을 주는 방법 정도가 최선이다. 그나마 다행인 것은, 15년 후의 세상에서 결코 닿지 않을 정도로 아득히 먼 존재였던 류선재가 2008년에는 손만 뻗으면 닿을 거리에 있다는 사실이다. 또한 임솔 자신에게 닥친 불의의 사고가 일어나기 이전이라 휠체어 없이도 원하는 곳을 마음껏 뛰어다닐 수 있다는 것도 힘을 보탰다.

과거로 회귀한 모습에 왠지 모를 기시감이 느껴질 수 있다. 같은 해 인기리 방영된 드라마 <내 남편과 결혼해줘> 역시 회귀물의 형태를 취한 작품이다. 다만 <내 남편과 결혼해줘>는 절친과 불륜을 저지르고 자신을 죽인 남편에 대한 처절한 복수가 회귀의 주된 목적이었으니, 누군가를 구원하기 위한 <선재 업고 튀어>와 체감되는 온도차는 확연하다. 타임슬립이라는 점에서는 <반짝이는 워터멜론>(2023)도 떠오를 수 있다. 회귀는 아니었지만, 과거로 타임슬립함으로써 아직 일어나지 않은 사고를 막기 위해 노력한다는 설정이나 교복을 입은 학창 시절을 배경으로 밴드와 음악 등을 소재로 한다는 공통분모가 은근 수두룩하다. 주인공의 개입으로 변한 과거가 현재에까지 고스란히 반영된다는 극 중 세계관에는 <나인: 아홉번의 시간여행>(2013)이 소환되기도 한다. 신기한 것은 이렇게 줄줄이 거론한 작품들이 모두 다 tvN 채널의 월화드라마라는 사실이다. (이것은 혹시 10여 년에 걸친 집요한 tvN 월·화 유니버스인가?)

'시간'과 함께 이번 작품에서 두드러지게 강조되는 요소는 '기억'이다. 여느 회귀물과 다른 점은, 2023년의 임솔과 2008년의 임솔이 완전히 다른 인물처럼 묘사된다는 점이다. 작중 캐릭터들이 임솔을 이중인격으로 느끼는 이유도 여기에 있다. 각각 다른 시기의 임솔은 좋아하는 남자도 다르고, 성격과 태도 또한 뚜렷이 구분된다. 이는 열아홉부터 서른넷까지, 15년 동안 쌓여온 기억의 차이 때문이다. 결과적으로 '서른넷 임솔'은 자신이 떠난 뒤 남겨질 본래의 '열아홉 임솔'의 상황까지 고려해야 하는 복잡한 입장에 처한다. 이러한 구조는 국내에서도 큰 인기를 끌었던 대만 드라마 <상견니>와 닮아 있다. 과거에 벌어진 사건을 막는 것이 주요한 목적이라는 점에서도 두 작품은 공통점을 공유한다. 물론 회귀와 빙의라는 설정의 차이가 있지만, 기억이라는 요소를 중심으로 각 시간대의 임솔을 별개의 인격체처럼 구분한 방식에서 흥미로운 유사성이 드러난다.

시청자들은 기억의 중요성을 드라마 <눈물의 여왕>을 통해 이미 학습한 바 있다. 기억을 잃을 수 있다는 두려움에 수술을 거부했던 주인공 홍해인(김지원)이 백현우(김수현)에게 건넨 말은 이를 단적으로 보여준다. "살아있다는 건 그 기억들로 연료 삼아서 내가 움직이는 거야. 그러니깐 그 기억들이 나고, 내 인생이야." 기억이 곧 '자아'라는 메시지다. 당초 <선재 업고 튀어>는 <기억을 걷는 시간>이라는 가제로 먼저 알려졌다. 방영 전 제목이 변경되었지만, 여전히 이야기의 중심에는 기억과 시간이 굳건히 자리 잡고 있다.

<선재 업고 튀어>는 지나버린 과거를 향해 끊임없이 말을 건넨다. 무료하고 따분하게 느껴졌던 평범한 일상도, 시

간을 거슬러 올라온 누군가에게는 너무나 특별하고 소중한 순간이 될 수 있다. 스타 류선재가 동갑내기 학생이 되어 곁에 있는 장면은 이러한 메시지를 형상화한 결과다. 사소하게 흘려보낸 순간들이 사실은 다시는 되돌아갈 수 없는 특별한 시간이었다는 사실을 조금 더 빨리 깨달았다면, 우리의 삶은 얼마나 달라졌을까. <선재 업고 튀어>가 회귀라는 판타지 장치를 통해 전하고자 했던 진짜 이야기는, 평범한 일상이 부여하는 특별함에 대한 깨달음이다.

내 남편은 누구인가

<하이드>

파격적인 오프닝과
줄줄이
들러붙는 반전

쿠팡플레이·JTBC 12부작 시리즈 <하이드>
HIDE | 2024.03.23~2024.04.28

결혼은 줄고, 이혼은 늘고 있다. 꾸준한 하락세를 기록하던 대한민국 결혼율은 지난해 12년 만에 처음으로 반등했지만, 증가세가 고작 1%에 불과하다는 사실과 함께 그 역시 코로나19로 부득이하게 미뤄진 결혼 등이 일정 부분의 수치 상승에 영향을 끼쳤다는 분석이 곁들여지며 '결혼 절벽'이라 불리는 '결혼 빙하기' 시기를 실질적으로 벗어났다고 할 수 없는 상황이다. 지금의 세대에게 있어서 결혼이란 것은 삶의 필수 요소가 아닌, 상황에 따라 취사선택 가능한 개인 취향의 영역 정도가 됐음을 이제는 슬슬 인정할 때다.

공교롭게도 이러한 시기에 여러 플랫폼에서 서비스되는 K-콘텐츠 속 결혼과 부부의 삶은 그다지 유쾌하거나 행복하진 않은 모양새다. tvN 드라마 <내 남편과 결혼해줘>는 절친과 바람난 남편에게 살해당한 주인공이 회귀해 복수하는 내용을 주요하게 다뤘고, JTBC 드라마 <끝내주는 해결사> 역시 파렴치한 남편과 빌런 시댁에 대한 통쾌한 복수를 그렸다. 현재 방영 중인 작품들도 별반 다르지 않다. KBS 2TV 드라마 <멱살 한번 잡힙시다> 주인공은 재벌 2세이자 유명 소설가인 남편의 이중적 면모를 알게 돼 분노하고, MBC 드라마

<원더풀 월드>는 믿었던 남편의 불륜으로 크게 괴로워한다. 작품과 상황, 캐릭터에 따라 디테일은 상이하지만, '불륜' 등을 앞세운 남편의 배신이 주요한 골자다.

예능은 또 어떤가. 연예인이나 셀럽 부부가 가상으로 이혼을 체험하는 <한 번쯤 이혼할 결심>, 위기의 부부들이 캠프에서 합숙하며 이혼 조정 과정을 가상 체험하는 <이혼숙려캠프: 새로고침>, 이혼 후 새로운 출발선에 선 사람들의 이야기를 담은 <이제 혼자다>까지. 한국의 미디어에서 이혼은 더 이상 터부시할 소재가 아닌, 필요하다면 오히려 '제대로, 잘 해야 하는 일'로써 자리매김했다.

부부는 무촌(無寸)이다. 피로 맺어진 혈연관계가 아니고, 이혼을 하면 완벽한 남이라는 의미다. 하지만 바꿔 말하면 완전한 타인임에도 불구하고, 서로에 대한 신뢰를 바탕으로 법적으로 맺어진 가장 가까운 관계로도 해석될 수 있다. 이러한 까닭에 배우자의 배신은 정신적 충격과 끔찍한 트라우마를 남기게 된다. 대중문화 콘텐츠에서 부부 사이에서 자행되는 배신을 주요한 소재로 거듭 활용하는 것은 이러한 것을 전제로 한 다분히 의도적인 설계다.

　<하이드>도 남편의 감춰진 실체를 마주하는 것에서 이야기가 비롯된다. 어느 날 갑자기 실종된 남편, 그리고 단서를 추적하던 아내가 마주한 감당하기 어려운 진실이 극의 핵심이다. 배우 이보영이 사라진 남편을 쫓는 아내 '나문영' 역, 사라진 남자 '차성재'는 이무생이 각각 분한다. 지난 2017년부터 4년간 방영된 영국 드라마 <키핑 페이스>(Keeping Faith)를 원작으로 탄생한 리메이크 작품으로 부부간 신의를 타이틀로 앞세운 원제와 달리 한국판은 사라진 남편, 그리고 이면에 감춰진 진실에 더욱 초점을 맞춰 <하이드>(Hide)로 태어났다.

　이제껏 알고 지내던 남편이 사실은 전혀 다른 존재라면? 더욱이 남편 차성재(이무생)는 나문영(이보영)이 10대 때부터 무려 20년이라는 세월을 알고 지냈던 터다. 그러한 만큼 나문영이 맞닥뜨리는 정신적 충격은 감히 짐작할 수 없는 수준이다.

<하이드>의 도입부는 파격적이다. 이는 결혼 한 달 전 증발한 아내의 정체를 쫓다가 예상하지 못한 진실을 마주하는 변영주 감독의 영화 <화차>(2012)나 죽음으로 위장하고 사라진 아내의 행방을 찾는 데이빗 핀처 감독의 영화 <나를 찾아줘>(2014)를 떠오르게 만든다. 논픽션으로 확장하면 SBS 시사프로 <그것이 알고 싶다> 905회에서 다뤄진 '내 아내는 누구인가' 편과도 맞닿는다. 결혼해서 아이까지 낳고 지내던 자신의 아내를 둘러싼 모든 것이 온통 거짓이었다는 것을 직면한 당사자는 충격과 공포, 그리고 배신감과 절망이 한꺼번에 밀려온다.

<하이드>는 일단 보면 빠져든다. 초반부터 의심을 품게 한 여러 인물이 줄줄이 나열됐는데, 문영의 친절한 이웃 하연주(이청아)와 정체불명의 전과자 퀵서비스 기사 도진우(이민재), 금산기업의 부장인 마강(홍서준) 등이다. 검사 출신 변호사 나문영은 거대한 실체적 진실에 한 발 한 발 접근하기 위한 워밍업에 돌입한다. 답답함과 궁금증이 적절히 혼재한 <하이드>가 차곡차곡 풀어나가야 할 스토리는 산더미다.

K- 콘텐츠의 맥락

<하이드>의 스토리가 흥미롭게 펼쳐지는 것은 쌍수 들고 환영할 일이지만, 이러한 작품을 통해 결혼을 향한 부정적 인식이 한층 더 짙어지는 것은 아닐까 하는 걱정도 동시에 차오른다. 채널만 돌리면 등장하는 '불행한 부부' 스토리가, 지금보다 적극적으로 결혼을 꺼리게 만드는 양분이 되는 것은 아닐까 하는 우려다. 지극히 당연하지만 드라마는 드라마일 뿐이다. 현실과 작품 사이의 괴리는 우리가 생각하는 것 이상으로 상당하다. 혹시라도 연애와 결혼에 대한 판타지를 키우고 싶다면 결혼 3년 차인데도 다시 뜨겁게 사랑이 타오르는 드라마 <눈물의 여왕>을 적극 추천한다.

외면과 내면, 그리고
인간의 다면성

<낮과 밤이 다른 그녀>

일차원적
웃음 뒤에
숨겨진 의미

JTBC 16부작 드라마 <낮과 밤이 다른 그녀>
Miss Night and Day | 2024.06.15~2024.08.04

8년째 공무원 시험을 준비한 이미진(정은지)은 20대의 마지막 시험에서 불합격 통보를 받고 좌절한다. 그리고 바로 그 날 길고양이를 구하려고 뛰어든 우물 깊은 곳에서 문득 이런 생각에 빠져든다. '이대로 딴 사람이 되면 좋겠다.' 간절한 그녀의 소원이 결국 이뤄진 것일까. 아침에 눈을 뜬 미진은 자신이 이전과는 완전히 다른 사람(이정은)이 됐다는 것을 깨닫는다. 순식간에 노화라도 진행된 것인지, 미진은 50대로 변해버렸다. JTBC 드라마 <낮과 밤이 다른 그녀>의 판타지 짙은 스토리다.

　당사자인 미진도 놀랐지만, 주변 반응은 더욱 격렬하다. 자신의 집 소파에 태연하게 앉아있는 신원미상의 50대 여성을 보고 소스라치게 놀란 미진 엄마 임청(정영주)과 아빠 이학찬(정석용), 그리고 이들의 신고를 받고 출동한 경찰은 96년생이라고 주장하는 50대 이미진(이정은)이 당혹스러울 따름이다. 불행 중 다행인 것은, 밤 시간에는 본래의 20대의 외모로 돌아온다는 사실 정도다. '낮과 밤이 다른 그녀'는 그렇게 시작된 50대 부캐 '임순'과 20대 본캐 '이미진'의 낮과 밤 공존 스토리를 그리고 있다. 내용을 보면, 타이틀이 상당히 직관적이다.

자고 일어났는데 나이가 변한다는 스토리는 의외로 꾸준히 존재했다. 20년 전 개봉한 할리우드 영화 <완벽한 그녀에게 딱 한가지 없는 것>(2004)에는 '소원의 가루'를 통해 13세 생일 다음날 30세로 깨어난 제나(제니퍼 가너)가 등장하고, 이보다 16년 전에 세상에 나온 영화 <빅>(1988)에는 놀이공원 아케이드 머신에 "키가 크고 싶다"는 소원을 빌어서 하루 만에 13세에서 30세로 초고속 성장한 조슈아(톰 행크스)가 있다. 한국에는 칠순의 할머니(나문희)가 신비한 사진관에서 영정 사진을 찍고 스무살 청춘(심은경)으로 회춘한 <수상한 그녀>(2014), 자고 일어나면 나이와 성별이 랜덤하게 바뀌는 <뷰티 인사이드>(2015) 등이 있었다. '나이가 변한다'는 것 외에는 작품마다 설정과 상황적 디테일이 제각각이다.

모든 영화에서 주요하게 다루는 것은, 변화 이후의 삶이다. 단지 나이와 외모가 변했을 뿐인데, 많은 것들이 빠르게 재편된다. <낮과 밤이 다른 그녀>의 주인공 미진도 예외는 아니다. 취직이 평생의 목표였던 미진은 곧장 '시니어 인턴

채용'에 (최연소이자 수석으로) 합격하고, 검찰청에 입성한다. 자아와 능력치는 동일한데, 외면의 변화가 빚어낸 일이다. 20대 미진에게는 별 것 아닌 것으로 치부된 것들이, 50대 부캐 임순에게는 특기이자 강점이 되기도 했다. 좌우 시력 2.0, 임플란트 없는 건강한 치아, 아나운서처럼 정확한 발음, 초고속 타자, 간단한 영어와 중국어 가능, 현란한 최신 애플리케이션 활용 등. 그러한 과정에서 만능인 그녀를 신기하게 바라보는 이들의 표정은 상황적 웃음을 유발한다.

인간은 누군가를 속단하는 데 특화된 동물이다. 특히 나이와 외모는 즉각적이다. 주어진 몇 가지 단순 정보를 입력하면 고정된 틀에 넣고 평가하고 판단하는 '선입견'에 한껏 물든 탓이다. 100% 동일한 자아와 능력치를 지녔음에도 불구하고, 20대 취업준비생 미진과 50대 시니어 인턴 임순을 대하는 이들의 태도가 놀라울 만큼 상이한 이유다. '사회적 편견'은 타성에 젖어, 다면적인 인간 본연의 특성을 파악하지 못한 행위로부터 비롯된다.

인간은 다면적이다. 인간의 다면성(Multifacetedness)

은 한 사람 안에 존재하는 여러 성격과 감정, 행동 패턴, 가치관 등을 포괄한다. 인간은 상황에 따라 다양한 모습과 반응을 보일 수 있고, 때로는 사회적 역할이나 특정한 역할 수행을 위해 의도적으로 가면(Persona)을 쓰기도 한다. 20대와 50대를 오가는 미진, 공적으로 냉정하지만 사적으로 자상한 계지웅(최진혁) 검사, 팬들 앞에서 미소를 잃지 않지만 실제로는 불안감과 공허함에 괴로워하는 인기 아이돌 고원(백서후), 그리고 잔혹한 살인을 반복적으로 저지르지만 일상에서는 이를 숨기고 평범한 사람인척 생활하는 사이코패스 등의 면면은 사실상 이를 극단적으로 보여주는 예시다. 낮과 밤, 겉과 속, 외면과 내면, 공(公)과 사(私) 등은 고정된 하나의 정체성으로 정의할 수 없는 인간의 다면적 특성을 은유적으로 반영한다.

인간의 다면성을 무시한 채 보이는 모습으로 누군가를 판단하는 행위는 마치 책의 겉표지만 보고 그 속의 내용을 모두 다 안다고 착각하는 것과 별반 다르지 않다. 반면 인간의 다면성을 제대로 이해한다는 것은 사람을 더 깊이 이해하는 것에만 그치지 않고, 일상에서 폭넓고 풍성한 인간관계를 형성하고 공감과 존중을 바탕으로 서로를 제대로 받아들이는 사회를 만드는 중요한 첫걸음을 내디딘 것과 같다.

    <낮과 밤이 다른 그녀>는 판타지로 잘 포장된 로맨스 코미디이자, 범죄 스릴러 작품이다. 낮 시간대에 50대로 변하다는 독특한 설정과 거기에서 야기되는 웃음, 그리고 잔혹한 연쇄 살인마를 붙잡기 위해 연대하는 주인공들의 서사는 누구라도 작품에 쉽게 몰입해 즐길 수 있도록 이끄는 역할을 한다. 하지만 그 안을 한 꺼풀 더 벗기고 들어가 보면 인간의 편견, 본질, 정체성, 그리고 다면성 등이 복잡하게 얽혀 똬리를 틀고 있다. 웃음 속에 숨겨진 이러한 인간성 본연에 대한 고찰은 말하자면 <낮과 밤이 다른 그녀>의 히든 피스(Hidden piece)다. 즉시 반응이 가능한 단순한 맛도 좋지만, 곱씹을수록 오묘한 맛이 입안에 맴돌아 다양한 생각에 잠기게 하는 맛도 매력이 있다. 이번 <낮과 밤이 다른 그녀>처럼 말이다.

엔딩 너머의 삶

<원더풀 월드>
& <눈물의 여왕>

그래서 주인공은
오래오래
행복했을까?

MBC 14부작 드라마 <원더풀 월드>
Wonderful World | 2024.03.01~2024.04.13

tvN 16부작 드라마 <눈물의 여왕>
Queen of Tears | 2024.03.09~2024.04.28

모든 이야기는 시작, 중간, 그리고 끝이라는 구조를 가진다. 할리우드의 저명한 시나리오 작가 시드 필드(Syd Field)는 저서 『시나리오란 무엇인가』에서 이를 '3막 구조'로 정의했다. 설정(시작), 대립(중간), 해결(끝)로 이어지는 이 구조는 우리에게도 익숙한 스토리텔링의 기본이다. 작품마다 디테일은 다르지만, 대부분의 콘텐츠는 이러한 틀을 충실히 따른다. K-콘텐츠 역시 예외는 아니다.

<원더풀 월드>의 독특함은 통상적인 3막 구조의 '엔딩' 이후를 주목한다는 점에 있다. 아들을 죽인 살인범을 직접 처단하는 엄마의 이야기를 다룬 이 드라마는, 최근 한국 드라마에서 자주 등장하는 '사적 복수' 서사에 속한다. <더 글로리>의 학교 폭력 가해자 복수, <국민사형투표>와 <모범택시> 시리즈, 그리고 <비질란테>처럼 법망을 피한 범죄자를 단죄하는 작품들과 맥을 같이한다. 하지만 어딘가 좀 이질적이다. 복수가 예상보다 훨씬 빠르게 성사되기 때문이다. <원더풀 월드> 은수현(김남주)은 첫 회에서 곧바로 살인을 감행하며 아이의 복수를 이뤄낸다. 여타의 '사적 복수' 콘텐츠라면 지난한 과정을 거쳐 마지막회에 위치할 조각이다.

대신 <원더풀 월드>는 사적 복수를 끝낸 이후 주인공에게 펼쳐지는 낯선 모습과 상황들을 남은 시공간에 나열한다. 살인죄로 재판을 받고, 7년의 징역형으로 감옥에 수감되는 은수현의 고통의 시간들. 오랜 시간동안 일궈놓은 것들은 모두 속절없이 무너지고, 복수의 불길이 사그라진 곳에는 무엇으로도 채워지지 않는 공허함만 덩그러니 남는다. 사적 응징으로 카타르시스를 안기는 것에 주력했던 그간의 콘텐츠들과 사뭇 다른 형태다. 자신과 닮은 상처를 가진 권선율(차은우)과의 만남, 앞선 아들의 복수로 삶이 한순간에 파괴된 유가족을 마주하는 일들은 혼란을 가중시킨다. 무수하게 쏟아졌던 '사적 복수' 콘텐츠가 직시하지 않았거나, 부러 외면했던 일들이다.

로맨스가 결합된 드라마의 경우는 어떠한가. <끝내주는 해결사>, <닥터 슬럼프>, <내 남편과 결혼해줘>는 모두 남녀 주인공이 서로의 마음을 확인하며 해피엔딩을 암시하는 결말로 마무리된다. <웨딩 임파서블> 역시 이 궤적을 크게 벗어나지 않는다. 성장 환경과 가정 배경, 심지어 성격까지 극명하게 다른 남녀 주인공이 갈등을 겪으며 점차 가까워지고, 결국 사랑에 빠지는 수순이다. 그렇게 이들은 연인 혹은 부부가 된다.

그래서 그들은 오래오래 행복하게 살았을까? 드라마 <눈물의 여왕>은 전형적인 멜로의 틀을 깨고, 엔딩 이후의 모습을 집중적으로 그려낸다. 퀸즈그룹 재벌 3세 홍해인(김지원)과 용두리 이장의 아들 백현우(김수현)가 사랑에 빠지고, 여러 난관을 극복해 결혼에 골인하는 스토리는 빠르게 생략된다. 대신 3년 차 부부가 된 이들의 위기가 1화부터 펼쳐지며 시청자들의 흥미를 끈다. 미국 매체 포브스는 이에 대해 "많은 K-드라마가 '그리고 행복하게 살았습니다'로 끝나지만, <눈물의 여왕>은 그 지점에서 이야기를 시작한다"라며 구성의 참신함을 주목했다. 앞서 살펴본 <원더풀 월드>를 로맨스로 치환한다면, 바로 이런 형태가 될지도 모른다.

누구보다 사랑해서 결혼을 했지만, 부부가 된 이후의 삶은 녹록지 않다. 결혼 3년차 백현우와 홍해인은 각방을 쓰고, 불필요한 대화는 섞을 생각도 하지 않는다. 배려와 이해는 사라지고, 오해와 냉랭함만이 그 자리를 채운다. 쓸쓸한 사실은, 이러한 3년차 부부의 모습이 그다지 과장된 것처럼 느껴지지 않는다는 현실이다. '안전 이혼'을 꿈꾸는 백현우와, 불치병 판정을 받아 시한부 3개월을 선고받은 홍해인. 두 사람은 위기 속에서 다시 설렘을 느끼며, 예상치 못한 사랑에 빠져드는 국면을 맞는다. <별에서 온 그대>의 외계인과 톱스타, <푸른 바다의 전설>의 여자 인어와 인간 남자, <사랑의 불시착>의 북한 장교와 남한 재벌 2세 등 다채로운 러브 판타지를 선보였던 박지은 작가는 이번 <눈물의 여왕>을 통해 '3년 차 부부의 사랑'이라는 또 다른 현실 판타지를 풀어냈다.

기존의 서사 구조를 뒤엎고, 엔딩 이후의 이야기를 풀어낸 <원더풀 월드>와 <눈물의 여왕>은 이러한 차별화를 통해 주목받았다. 여느 작품에서 '엔딩'으로 자리 잡을 사건을 초반에 배치하는 구성은 첫 회부터 속도감 있는 전개를 선사했고, 이는 시청자들의 관심을 빠르게 사로잡아 지속적인 시청으로 이끌었다. 그러나 '신선함'이 성공의 절대적 요인이 될 수는 없다. 두 작품 모두 독창적인 관전 포인트로 무장했지만, 최종회까지 시청자를 붙잡는 진짜 힘은 결국 신선함을 넘어선 본연의 만듦새와 완성도에 달려 있음을 증명했다.

　결국, 중요한 것은 무엇을 이야기하느냐가 아니라, 어떻게 이야기하느냐. <원더풀 월드>와 <눈물의 여왕>은 익숙한 소재로도 새로운 관점을 제시할 수 있음을 보여주며, K-콘텐츠가 지닌 무한한 가능성을 다시금 확인시켰다.

'마음의 소리'를 입밖으로 낼 때　　　————————
벌어지는 일!

<비밀은 없어>

이 드라마가
건네는 것은
웃음 뿐만은 아니다

JTBC 12부작 드라마 <비밀은 없어>
Frankly Speaking | 2024.05.01~2024.06.06

2024년 대한민국 문화계 최대 이슈를 꼽자면 국내 최대 엔터테인먼트사 하이브와 하이브의 자회사인 어도어 민희진 대표의 마찰이다. 민희진 대표의 기자회견으로 본격적으로 점화된 해당 문제는 그야말로 모든 이들의 입에 오르는 가장 큰 관심사로 자리매김했다. 대중이 주목하는 포인트는 꽤 다양한 편인데, 그중 하나가 바로 장장 2시간 20분에 걸쳐 쏟아낸 필터가 없는 듯한 민 대표의 발언이다. 이는 현장의 취재진도, 유튜브를 통해 지켜보던 대중도, 좀처럼 쉽게 경험한 적 없는 광경이었다. 여러모로 충격적이다.

우리는 종종 침묵을 강요받는다. '침묵은 금', '침묵의 미덕'이라는 말을 어릴 적부터 귀에 못이 박힐 정도로 들으며 자랐다. 이로 인하여 '해도 되는 말', '해서는 안 되는 말'을 구분하는 자기 검열을 일상생활에서도 무수히 반복했던 터. 앞선 기자 회견장 발언의 실체가 해명일지, 폭로일지, 음해일지 그 시시비비를 따지자는 것은 아니다. 생각하는 모든 것을 고스란히 입 밖으로 내뱉는 듯한, 익숙지 않은 신묘한 행위에 호응하는 대중의 마음에 초점을 맞추고 싶다.

·

공교롭게도 이런 시기에 방영됐던 드라마 <비밀은 없어>는 '마음의 소리'를 스스로 통제하지 못하고 있는 그대로 모두 다 말하게 된 아나운서의 이야기를 주요 소재로 다루고 있다. 극 중 jbc 간판 아나운서로 항상 반듯하고 완벽한 모습을 보여야 한다는 강박에 시달리던 송기백(고경표) 아나운서는, 몇 가지 우연한 사건들이 겹치면서 말과 마음을 숨기지 못하는 상태가 된다. 그는 직속 상사의 부당함에 맞서 직설하고, 인기 아이돌의 촬영장 갑질에도 참지 않고 일침한다. 이는 근래 안방극장에서 호감과 호응을 격렬하게 이끌어내는 속 시원한 '사이다 캐릭터' 모습 그 자체다.

드라마 <비밀은 없어>는 방영 내내 1%대 저조한 시청률에 그쳤다. 물론 시청률 수치에 비해 온라인과 SNS에서는 상대적으로 더 큰 화제성을 꿰찼다. 이것이 '병맛 로코'에 기반한 드라마 제작진의 목적과 방향성에 걸맞은 예상된 호응인지, 아니면 장안의 화제가 된 '기자 회견'의 면면과 타이밍상 교묘하게 맞물려 예상 못 한 화학 작용을 일으킨 것인지 확인할 방도는 없다. 중요한 것은 참지 않고 마음의 소리를 내뱉는 누군가에게 다수의 사람들이 격한 공감을 보내고 있다는 사실이다.

'전혀 거짓말을 할 수 없게 됐다'라는 설정은, 이미 영화 <정직한 후보> 시리즈 등의 작품에서 코믹한 요소로 활용돼 대중에게도 낯이 익다. <정직한 후보>처럼 판타지에만 의존하지 않고, "뇌에 있는 병변이 마치 치매 증상처럼 감정 조절의 불균형과 성격 변화 등을 일으켜, 말과 마음을 숨기지 못하게 됐다"라는 신경외과 전문의(권율)의 진단을 받는 형태로 우회했다는 차이는 존재하지만, 사실상 이는 크게 중요치 않다.

<정직한 후보>에서 3선 국회의원 주상숙(라미란)이 거짓말을 못 하게 돼 선거운동에 중요한 차질을 빚는 것과 마찬가지로, <비밀은 없어> 송기백 아나운서 역시 마음을 숨기지 못하게 되면서 뉴스 앵커로서의 업무와 사회생활에 심각한 제동이 걸린다. 이에 모두가 별다른 설명 없이도 공감을 표한 이유는, 우리네 '사회생활'에선 '하고 싶은 말을 모조리 다 한다'라는 선택지가 애초에 존재하지 않는 탓이다. 부당함에 적당히 눈 감고, 상사나 클라이언트의 비위를 가능한

선에서 맞추며, 관례로 포장된 오랜 악습에도 토를 달지 않는 것이 우리가 줄곧 학습한 '올바른 사회 생활'이기 때문이다. 그런 생각에 금이 가고 있다.

중요한 시상식 사회자로 나선 송기백은 "본래 이 정도 시상식은 상을 받는 사람들이 나오는 것", "수상 소감을 간단하게 해달라고 했는데, 그럴 거였으면 상을 19개나 주지 말죠", "왜 상만 받으면 출석부를 꺼내드는지 모르겠다. 고맙단 말은 평소에 하라" 등의 말로써 고질적인 시상식 '출석상', '퍼주기식 시상', '장황한 나열식 수상소감'을 꼬집는다. 누군가는 속 시원했겠지만, 시상식의 주최 측이나 수상자들 입장에서는 몹시 당혹스럽다. 그럴수록 송기백의 입지는 더욱더 벼랑 끝으로 내몰릴 뿐이다.

침묵은 과연 미덕일까. 해야 할 이야기와 하지 말아야 할 말을 나눈 경계는 정말 온당할까. '사회생활'이라는 말로 뭉뚱그려 포장된 다양한 금제는, 조직 전체가 아닌 피라미드의 끝 소수를 위한 것은 아니었을까. 옳고 그름에 대한 공개적이고 생산적인 토론이란 존재할까. 이제 막 첫 삽을 뜬 드라마 <비밀은 없어>는 시청자에게 일차원적인 웃음 외에도 여러 생각거리를 안겨주는 작품임에 분명하다.

시작은 외모 콤플렉스,
끝은 격렬한 모성애

<마스크걸>

우리가 이것을
감히 '픽션'이라고
할 수 있을까

넷플릭스 7부작 시리즈 <마스크걸>
Mask Girl | 2023.08.18

할리우드 배우 짐 캐리를 스타로 만든 작품 중 하나가 바로 영화 <마스크>(1994)다. <마스크>는 소심한 은행원 스탠리 입키스(짐 캐리)가 우연히 얻은 마스크를 통해 180도 달라진 성격과 함께 초인적인 힘을 얻게 된다는 판타지적 설정을 부여했다. 이를 통해 악당도 물리치고, 짝사랑하던 티나(카메론 디아즈)의 마음까지 얻게 되는 해피엔딩을 맞이하는 스토리다.

넷플릭스 시리즈 <마스크걸>에도 마스크가 등장한다. 물론 짐 캐리의 <마스크>와는 아무런 연관성도 없고, 가공할 능력을 부여받는 형태의 판타지 장르는 더더욱 아니다. 다만 한 가지 유사한 점이 있다면 <마스크걸> 주인공 역시 마스크를 쓰면 평소의 성격과 180도 달라진다는 사실이다. 극심한 외모 콤플렉스가 있는 김모미(이한별)가 마스크를 쓰는 것은 인터넷 방송 BJ로서 카메라 앞에 설 때뿐이다. 평소와 달리 자신감이 넘치고, 리듬에 맞춰 신나게 춤을 춘다. 격한 호응을 던지는 사람들 앞에서, 자신의 사적인 이야기도 쉼 없이 들려줄 수 있는 순간도 오직 이때다.

김모미는 어릴 적 사람들 앞에서 수준급 장기자랑을 선보일 만큼, 에너지 넘치고 쾌활했다. 이런 모미를 성장하는 과정에서 주눅 들게 만든 것은, 그다지 특출나지 않은 '외모'가 원인이었다. (일단 작품 속에서는 그렇게 생각하게끔 그려진다.) 김모미는 누구에게도 사랑받지 못하는 이유가 자신의 못생긴 외모 탓이라고 되뇌면서 자학한다. 어른이 되고 회사원이 된 김모미는 직장에서도 별다른 존재감 없이 지냈지만, 퇴근한 후에는 인터넷 BJ '마스크걸'로 변신해 돌변했다. 또 다른 인물 주오남(안재홍)도 김모미와 마찬가지로 외모 때문에 성장 과정에서 무언가 단단히 뒤틀렸고, 소심한 모습으로 자신의 삶을 일관했다. 주오남의 '마스크'는 가상의 인터넷 공간 자체였고, ID로 얼굴이 가려진 그곳에서 자신의 날것의 감정을 마음껏 분출하며 행복해했다.

비슷한 성장기를 거친 김모미와 주오남을 통해, 현대 사회의 '외모 지상주의'에 일침 할 것 같던 교과서적 이야기는 어느 순간 시청자의 예상 궤도를 완전히 벗어나 갑작스럽게 휘몰아친다. 혈흔이 흥건하게 화면을 가득 적시고, 서로 죽고 죽이는 잔혹한 장르로 숨 가쁘게 나아가게 된 것이다. 동

K- 콘텐츠의 맥락

명의 인기 웹툰을 원작으로 한 <마스크걸>은 굉장히 파격적인 스토리와 고어하고 그로테스크한 장면들이 수시로 맞물리며 보는 이들에게 긴장과 몰입을 한껏 선사한다. 이는 사전 정보 없이 보던 일부가, 1~2회 만에 시청을 중단한 이유이기도 하다.

물론 스토리와 화면 만이 <마스크걸>을 독특하게 만든 요소는 아니다. 일단 주인공 '김모미' 캐릭터를 3인 1역으로 소화했다는 사실은, 섭외 당시부터 큰 이슈였다. 성형 전 김모미를 소화하는 이가 대중에게 아직 생소한 신인 배우 이한별, 성형 후 달라진 외모를 갖게 된 김모미 역은 나나, 이후 시간이 흐른 뒤 교도소 안의 김모미를 연기하는 이가 고현정 배우다. 원작의 각색과 연출을 도맡은 이는 영화 <지푸라기라도 잡고 싶은 짐승들> 김용훈 감독. 김 감독은 이러한 3인 1역의 캐스팅에 대해 "작품을 하면서 내린 결정 중 가장 잘한 결정"이라고 앞선 제작발표회를 통해 자평하기도 했다.

7부작인 <마스크걸>은 각 에피소드 타이틀을 등장인물의 이름으로 구성했으며, 각자가 주인공이자 화자가 되어 이야기를 전개한다. 영화 <아가씨>, <암살>, <박쥐> 류성희 미술감독은 인물의 성격과 상황에 맞는 공간을 디자인하고, <보건교사 안은영>, <유령>, <범죄도시> 주성림 촬영감독은 색, 조명, 카메라의 움직임, 렌즈, 화면의 질감 등을 통해 에피소드별로 다른 느낌을 완성했다. 화면이 흑백으로 전환되거나, 파격적인 스릴러에서 갑작스럽게 10대 성장물로 변모하는 듯한 모든 과정이 이러한 작업에 포함된다.

마무리는 2색(色)의 모성애가 맡았다. 아들 주오남을 향한 어긋난 집착에서 비롯된 광기 어린 복수심은 김경자(염혜란)을 통해, 얼굴도 모르는 딸 김미모(신예서)를 향한 격렬하고 저돌적인 모성애는 중년의 김모미(고현정)로 발현되고 분출된다. 그리고 신파까지 끼얹는다.

기구한 한 여성의 일생을 세밀하게 다룬다는 점에서 일본소설 원작의 드라마와 영화 <혐오스런 마츠코의 일생>을 떠올릴 수도 있지만, 요즘 시대상을 곳곳에 반영하고 '외모'와 '모성애'라는 요소를 곁들인 점은 차별된다. 특히 김용훈 감독 특유의 멀티 플롯을 통해 여러 인물이 동시다발적 주인공으로 각개 활약하는 치밀한 전개는 <마스크걸>의 뚜렷한 강점이다. 고어물과 그로테스크한 분위기에 거부감만 없다면, 7부작 총 410분이라는 러닝타임이 '순삭' 가능하다.

광기와 광기의 격돌이
분출한 도파민 _____

<돌풍>

인간의 신념은
어떻게 오염되고
변질되는가

넷플릭스 12부작 시리즈 <돌풍>
The Whirlwind | 2024.06.28

TV를 켜놓고 휴대폰을 보거나 딴짓을 겸하는 경우가 더러 있다. 온전히 집중하지 않은 채, 딱 그 정도의 상황에서 흡사 BGM처럼 존재할 수 있도록 적당히 느슨한 작품들이 있기 때문이다. 그런 점에서 넷플릭스 12부작 시리즈 <돌풍>은 확실히 눈길을 사로잡을만큼 색다르다. 제목처럼 사건과 전개가 휘몰아친다. 쉴 틈조차 없어서 하려던 딴짓을 잠시 중단할 수밖에 없을 지경이다. 숏츠에 중독된 세대에게 오히려 이러한 속도감은 익숙하다. 호흡을 가다듬지 않고, 곧바로 다음, 다음, 그리고 또 다음 장면으로 빠르게 흐른다. 온라인 동영상서비스(OTT)로 12부작이 전 편 동시 공개되면 적당한 회차로 끊어보거나 마디 점프를 거듭해 종착지로 가는 선택지를 취할 때가 있는데, 적어도 <돌풍>은 그럴 필요나 여유도 없이 시청자를 정주행의 길로 이끈다. 아니, 사실 거의 멱살을 잡고 끌고 가는 형국이다. 지독할 만큼의 몰입을 유발하고, 보는 내내 도파민을 샘솟게 만드는 작품.

세상을 뒤엎기 위해 대통령 시해를 결심한 국무총리와 그를 막아 권력을 손에 쥐려는 경제부총리 사이의 대결을 그린 <돌풍>을 전면에서 이끄는 이들은 설경구와 김희애다. 두 배우는 각각 국무총리 '박동호'와 경제부총리 '정수진'으로 분해 시종일관 격정적으로 맞붙는다. 자신이 옳다고 생각하는 신념을 위해 대통령까지 시해한 인물, 부패한 정치 권력을 청산하기 위해서 자신의 손에 피를 묻히는 것조차 두려워하지 않는 박동호(설경구)는 우리가 흔히 알던 '정의로운 주인공'과 상당한 거리와 괴리가 있다. 그를 막아서는 정수진(김희애) 역시도 마찬가지다. 계속해서 더 큰 권력을 좇는 인물, 무슨 수를 써서라도 원하는 바를 이뤄내고마는 집요함은, 세상을 더 나은 방향으로 바꾸고자 하는 마음으로 정치에 입문한 그녀의 과거와 아득히 멀어진지 오래. 남은 것은 오염되고 뒤틀린 신념에 들러붙은 끔찍한 악마성이다. 언뜻 신념과 신념의 대결처럼도 보이지만, 결국에는 광기와 광기의 싸움으로 귀결된다.

설경구와 김희애가 안심하고 폭주할 수 있는 판을 깔아준 이는 이른바 '권력 3부작'이라 불리는 작품 <추적자 THE CHASER>, <황금의 제국>, <펀치>를 집필했던 박경수 작가다. 사회를 바라보는 예리한 시선과 그걸 담아내는 필력, 들으면 자꾸 되뇌게 만드는 특유의 비유적 대사들은 <돌풍>

을 자극으로만 점철된 뻔한 작품에 머무르게 두지 않았다. 불합리한 세상에 각자의 방식으로 대응하는 인물의 본성과 내재된 욕망을 적재적소에 배치된 사건들과 결합시켜 쫄깃한 얼개로 완성한다. "이번 화가 마지막 화라고 생각하고 대본을 쓴다. 다음화를 연두하고 쓰면, 주인공이 빠져나올 수 있을 만한 상황에서 멈추게 된다"는 박 작가의 이야기를 들으면, 비로소 <돌풍>의 속도감의 이유가 와닿는다.

그러한 대본을 화면으로 담아낸 이는 오컬트 스릴러 <방법>과 <방법: 재차의>를 연출했던 김용완 감독이다. 김 감독은 <돌풍>의 촬영 콘셉트를 '클래식'으로 잡고, 정적으로 픽스된 앵글과 날것의 핸드 헬드를 뒤섞어 각 인물간 심리를 표현했다. 프레임에 가득 채운 두 인물의 투샷을 적극적으로 활용하며 인물의 유대와 대립의 상황을 화면에 담아내기도 했다. 연출적인 욕심이나 기교를 과도하게 부리지 않고, 오히려 더 담백하게 담아낸 모양새는 <돌풍>의 전달력을 한층 높였다는 평가다.

이번 <돌풍>은 특정 인물이나 역사를 고스란히 차용하지 않은 '대체역사물'이라는 점에서 정치를 소재로 했음에도 불구하고, 작품이 정치적으로 흐르지 않는다. 오히려 어느 쪽도 옹호하지 않고, 가상의 상황과 존재들을 활용해 사람들의 공감과 바람을 구현할 뿐이다. 박동호와 정수진, 그리고 그들을 둘러싼 무수한 정재계 인간군상을 나열하면서 인간이 과연 어떤 과정으로 변질되어 가는지, 뒤틀린 신념은 얼마나 위험한지를 드러내고 내비치는데 러닝타임을 과감하게 할애한다. 이러한 메시지는 정치라는 소재를 작품에서 떼놓아도 유지된다. 실제 우리 일상에서 마주하는 사람과 사건이, <돌풍>의 면면과 포개지면서 공감대를 형성하기 때문이다.

작품과는 별개로 설경구와 김희애가 각각 과거에 출연한 영화 <킹메이커>(2022)와 넷플릭스 시리즈 <퀸메이커>(2023)가 자연스레 떠오르는 것은 의외로 재미난 지점이다. 두 작품 모두 정치를 소재로 한 작품이고, 작품명도 묘하게 닮은 구석이 있는 탓에 두 배우가 이번에 한 작품으로 만나 맞대고 충돌하는 것이 마치 세계관의 확장처럼 느껴지는 착시까지 어린다. 신기한 것은 여태껏 수많은 작품을 찍은 두 사람이 의외로 한 작품에서 만난 일이 없었는데, 영화 <더 문>,

<보통의 가족>, 그리고 <돌풍>까지 비슷한 시기에 세 개의 작품에 연달아 긴밀한 호흡을 맞추게 된 것도 꽤 이례적이라서 더욱 눈길을 사로잡는다. 작품들을 연달아 감상하는 재미가 있고, 각각의 서사에서 두 사람의 관계 변화나 캐릭터 연기를 감상하는 것은 별미다.

누구 하나를 대놓고 응원할수도, 그렇다고 딱히 미워할 수도 없는 게 <돌풍>을 보는 내내 시청자에게 스미는 마음이다. 정의로운 주인공이 실종된 해당 작품에서, 악(惡)에 내밀하게 다가선 이들이 각자의 신념을 내건 채로 맞붙는 모양새와 그런 그들에게 휘둘리는 여론과 대중의 모습을 지켜보는 일은 충분히 곤혹스럽다. 어쩌면 그것은 작품 속에 놓인 누군가가 '나' 혹은 '우리'로 언제든 치환 가능하다는 일말의 두려움 같은 것에서 기인한 감정은 아닐까.

횡령과 불륜으로 채운
정서적 결핍

<종이달>

범죄는 정당성을
부여받을 수 있을까

ENA 10부작 드라마 <종이달>
Pale Moon | 2023.04.10~2023.05.09

대기업에 다니는 남편을 내조하는 것 외에 자신에게 허용되는 일들이 많지 않은, 하루하루 숨 막히는 일상을 살던 여자. 드라마 <종이달>의 도입부에 등장하는 무겁고 답답한 주인공 유이화(김서형)의 삶 모양새다. 스스로를 집의 '빌트인'이라 언급하는 대목은, 그녀가 느끼고 있는 정서적 결핍과 고립감을 어렴풋 짐작하게 만든다. 이러한 유이화를 바라보며 피어난 '동정심'은, 오래지 않아 '불편한 감정'으로 변질된다. 유이화가 은행 VIP 고객의 돈을 몰래 취하는 횡령, 그리고 연하남과의 사랑(불륜) 탓이다. 그녀의 횡령과 불륜은 유기적으로 아주 밀접하게 연결되어 있다.

　　인간의 죄는 상황에 따라서 정당성을 부여받을까. 잃어버린 자아를 찾기 위해서 타인의 돈에 손을 대는 것은 과연 납득될 수 있을까. 더욱이 돈의 소유주가 '사회적 악인'에 가까운 사람이라면 더 괜찮은 것일까. 고민이 꼬리에 꼬리를 문다. "돈의 위치를 바꾸는 거야. 자신이 얼마를 가졌는지도 모르는 추악한 노인보다 꼭 필요하고 절박한 그 손자에게로"라는 유이화의 독백은, 자신의 범법에 정당성을 부여하는 행위에 불과하다. 드라마는 유이화의 심적 결핍과 횡령 당해도 마땅한 돈, 돈이 절실한 순수한 청년 윤민재(이시우)를 순차적으로 나열하며 주인공을 다분히 의도적으로 옹호하는 분위기로 흘러간다.

  유부녀인 유이화가 영화감독을 꿈꾸는 연하남 민재와 인연을 맺으면서 금전적 도움을 주는 동시에, 결과적으로 선을 넘어 서로의 욕정까지 채우는 사이로 발전한다. 횡령과 불륜으로 정서적 결핍을 충족하고 마음의 공허함까지 채운다. 호텔 스위트룸에 투숙하며 룸서비스로 수백만 원을 소비하고, 모범택시도 거리낌 없이 탑승한다. 또한 신형 노트북을 구매해 선물하고, 사용할 자동차를 제공하는가 하면, 주거 공간까지 마련해주 기에 이른다. 너무나 쉽게 손에 들어온 돈은 쉽게 떠나지만, 유이화가 그간 제대로 누려보지 못한 것들을 마주하게 이끈다. 다만 제작진의 공들인 노력에도 불구하고, 타인의 돈으로 이러한 호의를 베푸는 유이화나 이를 덥석 받아챙기는 윤민재가 쉬이 납득되진 않는다. 그럴수록 스토리는 그들이 그럴 수밖에 없는 이유를 억지스럽게 접붙이려고 노력하는 듯하다. 담백하지 못하고, 감정적으로 질척거린다.

K- 콘텐츠의 맥락

이러한 <종이달>을 오해 없이 조금이라도 더 명쾌하게 이해하기 위해서는, 현재의 드라마로 탄생하기 이전까지의 과정을 살피고 되새길 필요가 있다. <종이달>이 처음 탄생한 곳은 일본이다. 1980년대를 전후해 실제로 일본에서 발생한 몇몇 은행의 대형 횡령 사건을 모티브로 하여, 가쿠다 미츠오 작가에 의해 2012년에 쓰인 소설이 시작이었다. 가쿠다 미츠오 작가는 실제 사건에서 수동적이었던 여성을 능동적인 캐릭터로 새롭게 구축했고, 이는 2014년 초반에 일본의 NHK G에서 방영된 5부작 드라마로, 2015년 요시다 다이하치 감독의 영화로 플랫폼을 옮겨가며 재탄생하고 재해석됐다.

이것이 다시 한국으로 들어와 리메이크되면서, 공간적 배경은 한국의 저축은행으로, 시간적 배경은 2010년대 중후반으로 변모했다. 그러면서 다시 일부 '한국적 드라마 요소'들이 오밀조밀하게 첨가됐다. 원작의 일부는 살리고 일부는 변형되어 재구성된 <종이달> 대본은, 여러 한국의 배우들을 만나 각자의 방식으로 곱씹어지며 지금 시청자가 보는 작품 화면에 구현됐다. 6년 전 일본 영화 <종이달>을 보고 몹시 애정하게 됐다고 고백한 김서형은, 결국 자신만의 '유이화'를 이런 형태로 탄생시키고 있는 셈이다.

'돈'과 '사랑'은 언제나 콘텐츠의 주요한 소재였다. 횡령과 불륜 역시 그 형태만 상이할 뿐, 이러한 본질적 궤도를 크게 벗어나지 않는다. <종이달>을 연출한 유종선 감독은 드라마 제작 발표회 당시 "주인공을 응원하고 싶게 만들면서, 동시에 비난하거나 비판받게 만들고 싶었다"라고 밝힌 바 있다. 유이화의 행동에 십분 공감한다는 시청자 반응과 이를 범죄로 규정하고 문제 삼는 여론이 온라인 공간에서 충돌하는 것을 보면, 유 감독이 처음 목표한 바는 충분히 이룬 분위기다.

한국판 <종이달>의 제작진은 애초에 일본 원작이 가진 큰 뼈대를 바꾸지 않았다고 언급했으니, 이미 원작 자체가 스포일러인 셈이다. 유이화의 삶의 변화는, 우리가 추구하는 자본 시대의 종착역과 어느 정도로 닮아있을까. 일상의 탈출을 위해 다수가 정기적으로 복권을 구매하고, 원하는 바를 이루기 위해 때때로 하고 싶지 않은 일도 묵묵하게 참고 견디면서 자본을 축적하며 살아가는 우리는 드라마 '종이달'을 통해 과연 무엇과 마주할 수 있을까.

무죄의 악마들을
단죄하는 일

<국민사형투표>

'죽어도 마땅한 사람'을
투표로 구분하는 세상

SBS 12부작 드라마 <국민사형투표>
The Killing Vote | 2023.08.10~2023.11.16

'살인'(殺人)은 보편적으로 인간이 저지르는 범죄 중 가장 죄질이 큰 범죄로 분류된다. 당연히 대한민국 역시 형법 제250조(살인, 존속살해)를 통해 살인의 죄를 엄중하게 다루고 있다. 그렇다면 흉악한 범죄를 저지른 이의 목숨을 빼앗는 '사형 제도'는 어떠할까. 인간이 인간의 생명을 법의 테두리 안에서 빼앗는 행위. 이에 대한 논의는 오래도록 존재해왔으며, 현재 국가별 시행 여부는 제각각이다.

　한국의 경우에는 법률상 '사형'이 존재하지만, 1997년 12월 이후 사형을 집행한 적 없는 '실질적 사형 폐지국'에 속해 있다. 그런데 최근 '흉기 난동', '묻지마 살인' 등과 같이 각종 흉악 범죄가 기하급수적으로 늘어나면서 '사형'의 필요성에 대한 여론이 다시금 고개를 내밀고 있는 실정이다. 이는 세상에는 '죽어도 마땅한 사람'이 존재하고, 그들의 생명을 완전히 끊어버리는 것이 모두의 안위를 위한 도덕적으로 더 올바른 선택이라는 주장이다. 물론 여전히 이에 대한 반대 의견도 팽팽히 맞서고 있다.

　'악질범들을 대상으로 국민사형투표를 진행하고, 실제로

사형을 집행한다'. 이 파격적인 문장은 드라마 <국민사형투표>의 로그라인이다. 앞선 드라마 <모범택시> 시리즈처럼 법망을 피해가는 악인들을 향한 사적 복수를 대행하는 작품 등이 연달아 선보이며 대중의 크나큰 호응을 얻었던 터. <국민사형투표>는 여기에서 더 나아가 사람들이 직접 자신의 선택으로 악인을 '심판'하는 것에 동참하게 한 모양새다. 물론, 이는 전술했던 현재의 사회 분위기와 맞물려 적잖은 관심을 받고 있다.

극 중 권석주(박성웅)는 자신의 8살짜리 딸아이에게 몹쓸 짓을 하고 죽게 한 피의자가 결국 무죄로 풀려나자 직접 그를 찾아가 살해한다. 그리고 살인죄로 법정에 선 그는 자신의 최후 변론을 통해 "무죄의 악마들이 여전히 이 나라에 존재한다는 게 정말 화가 난다"라고 오히려 분노한다. 이후 이러한 주장에 동조하는 듯한 의문의 추종자 '개탈'이 등장하고, '무죄의 악마들'을 투표 결과에 따라 공개 처형한다. 대중들은 여기에 공감하거나 동조하는 양상을 내비치며, 사회적 문제를 야기한다. 물론 작중 주인공에 해당하는 김무찬(박해진)과 주현(임지연)은 모두 경찰로, '개탈'의 이런 행위 역시 분명한 '살인'에 해당하는 중대 범죄라고 강조하며 그를 체포하기 위해 고군분투하는 것이 주요한 스토리다.

어쩌면 <국민사형투표>를 안방 1열에서 보게 된 시청자는, 고민에 휩싸이게 될지도 모르겠다. 만약 이러한 일이 실제로 우리 사회에서 벌어진다면, 우리는 '개탈'을 비난하게 될까 아니면 동조하거나 지지하는 쪽일까? 현 분위기에서 뉴스 사회면 메인을 장식하는 흉악범들에 대한 '국민사형투표'가 실시된다면 그 결과는 과연 어떻게 될까. 이미 온라인 여론이 댓글 등을 통해 누군가를 죽이는 것에 익숙하다는 것을 떠올리면, 답은 이미 정해진 것은 아닐까 싶기도 하다.

<국민사형투표>와 같이 악인을 처단하는 이들에 대한 이야기는 종종 다양한 대중문화 콘텐츠로 발현되어 왔다. 과거 2000년대 초반 일본에서 선보이며 국내에까지 큰 인기를 얻었던 만화 『데스노트』역시 이러한 형태를 지닌 대표작 중하나다. 사신(死神)이 인간을 죽일 때 사용하는 '데스노트'를 우연히 습득하게 된 주인공 야가미 라이토가 이를 통해 온세계의 범죄자들을 죽이면서 벌어지는 이야기로, 중후반부

로 갈수록 <국민사형투표>와 유사한 고찰을 독자에게 안겨 준다. 이는 영화 등의 영상물로도 만들어졌으며, 현재도 국내 뮤지컬 무대에서도 사랑받고 있다.

지극히 만화적 발상이 역력한 <국민사형투표> 역시 『데스노트』와 유사하게 동명의 웹툰을 원작으로 한 작품이다. 이는 대중적 호응을 얻었던 디즈니+ 시리즈 <무빙>, 넷플릭스 시리즈 <마스크걸>과 마찬가지다. 또한 <국민사형투표>는 드라마 <더 글로리>와 <마당이 있는 집>에서 연달아 연기 호평을 받으며 대중의 주목을 한몸에 받고 있는 배우 임지연의 차기작인 것으로 공개 전부터 큰 화제를 불러모았던 작품이기도 하다. 그만큼 <국민사형투표>에 쏠릴 수 있는 요소들이 풍성했다는 이야기다.

'죽어도 마땅한 사람'을 판가름하는 인간은, 객관적으로 완전무결할까. 그들의 선택에는 한치의 실수나 오차도 없는 것은 확실할까. 혹시라도 발생하는 '무고한 희생자'가 존재하진 않을까- 하는 류의 고민이 작품을 보는 내내 꼬리에 꼬리를 문다. 대중문화 콘텐츠는 단순히 재미와 자극만 좇는 것

K- 콘텐츠의 맥락

이 아니라, 때로는 사회에 문제를 제기하거나 더 나은 세상으로 나아가기 위한 발판이 되어주는 역할을 수행하기도 한다. <국민사형투표>가 이러한 몫을 해낼 수 있을까.

로맨스 빼고, 섬뜩함 채웠다

<악귀> & <마당이 있는 집>

오컬트와 스릴러에도
꽤 진심인
K-콘텐츠

SBS 12부작 드라마 <악귀>
Revenant | 2023.06.23~2023.07.29

ENA 8부작 드라마 <마당이 있는 집>
LIES HIDDEN IN MY GARDEN | 2023.06.019~2023.07.11

로맨스는 K-콘텐츠의 기본 요소다. 실제로 오랜 시간 동안 해외에서 사랑받았던 K-드라마를 되짚어보면 어떤 형태로든 로맨스가 녹아있는 작품이 상당수다. 굳이 콕 집어 예를 들지 않아도 극 중 재벌 2세가 사랑을 하고, 의사가 사랑을 하고, 변호사가 사랑을 하고… 기타 등등이 사랑을 하는 작품이 수두룩하다. 물론 해외 작품들 속에서 로맨스가 전무한 것은 아니지만, 대한민국 콘텐츠는 그 평균값을 충분히 상회하고도 남는다. 최근 로맨스가 결여된 국내 작품들이 국외에서 인기를 얻는 추세라지만, 여전히 그보다 더 많은 K-로맨스 작품이 해외에서 활발하게 소비되고 있다.

다행인 것은 이러한 분포 형태의 변화가 꾸준하게 감지되고 있다는 사실이다. 넷플릭스와 디즈니플러스를 비롯해 한국 콘텐츠가 주요하게 소비되는 뷰(Viu)와 라쿠텐 비키 등 해외의 글로벌 OTT 플랫폼의 영향으로 국내외 물리적 장벽의 체감은 허물어졌고, 늘어난 플랫폼으로 말미암아 제작되는 콘텐츠 총량이 증가한 것이 영향을 끼쳤다. 대중은 더 다양한 장르의 소비를 적극적으로 희망했고, 이를 계기로 로맨스 작품과 차별화를 둔 작품들이 특정 채널을 벗어나 국내외 플랫폼 전반으로 번진 모양새다. 어쩌면 SBS 드라마 <악귀>(惡鬼)야말로 이러한 변화의 중심에 선 작품이 아닐까 싶다.

영화 <아가씨>, <리틀 포레스트>, <승리호>, <외계+인>, 드라마 <미스터 선샤인>, <스물다섯 스물하나>로 대한민국을 대표하는 배우로 자리매김한 김태리가 선택한 차기작이라는 것만으로 충분한 사전 주목을 끌었고, 드라마 <시그널>과 <킹덤>을 집필한 김은희 작가의 신작이라는 것이 시너지를 냈다. 그간 국내에서 오컬트 장르의 작품이 아예 없었던 것은 아니지만, 이처럼 본격적으로(?) 큼직한 판이 지상파 드라마로 깔렸던 경우는 확실히 손에 꼽을 정도다. 더욱이 오컬트를 근간으로 호러와 미스터리가 적절하게 섞인 <악귀>는 '로맨스'를 어설프게 흩뿌리지 않고 완전히 지워버리는 쪽을 택한 듯하다.

악귀에 쒼 여자와 악귀를 볼 수 있는 남자의 목적 있는 공조. 어떻게 보면 자칫 진부할 수도 있을 <악귀>의 로그라인은 김은희 작가의 탄탄한 필력과 흥미를 유발하는 한국의 전통 무속 신앙들과 결합을 통해 명징한 생명력을 부여받았다. '호러'에 취약한 시청층이 있다는 것을 감안했을 때, 방영 내내 10%가 웃도는 시청률을 유지한 것은 인상적이다. 게다가 '악귀'는 한국적 색채를 작품에 짙게 부여한 것 외에도 아르바이트를 하며 공무원 시험을 준비 중인 구산영(김태리)을 극의 주인공으로 앞세워 한국 사회의 빈부 격차를 시작으로 가정 폭력, 학교 폭력 등 다양한 이슈를 스토리에 녹여내며 눈길을 끌었다.

김태리가 <악귀>로 활약을 펼쳤다면, 동시기에 김태희와 임지연은 ENA 드라마 <마당이 있는 집>으로 시청자를 만났다. 뒷마당에서 나는 수상한 냄새로 인해 다른 삶을 살던 두 여자가 만나면서 벌어지는 이야기를 그리는 서스펜스 스릴러 장르다. 채널 특성상 진입장벽이 높아 시청률 상승에 제약이 있었지만, 작품을 향한 충성도나 관심도는 상대적으로 높았다. 특히 넷플릭스 시리즈 <더 글로리>로 학교 폭력 가해자로 소름돋는 연기를 펼쳤던 임지연이 차기작인 <마당이 있는 집>에서 가정 폭력 피해자로 역할이 180도 변신하는 모습은 다분히 인상적이었다. 특히 남편의 죽음 이후, 형사들의 조사를 받고 나와 짜장면을 정신없이 흡입하듯 먹는 장면은 방송 이후에도 여러 차례 회자됐을 정도다.

동명의 베스트셀러를 원작으로 하는 <마당이 있는 집>은 그간 TV에서 봤던 여느 드라마와는 확실히 다른, 좀 더 독특한 질감을 보여준다. 영화를 연상케 하는 차분하게 눌러 붙은 화면 색감, 극소수의 인물들만 등장시켜 인물의 삶 깊숙한 곳까지 엿보는 듯한 연출과 구성 등은 보는 내내 몰입감을 고조시킨다. 화면 바깥에서 그것을 숨 죽인 채 지켜보는 시청자에게 예고도 없이 불쑥 섬뜩함을 안길 때도 있다. 원작 소설을 쓴 김진영 작가 역시 영화 <미혹> 등을 연출한 주목받는 영화 감독이라는 이력이 독특하다. 해당 소설을 읽다보면, 영상을 떠오르게 하는 세밀한 묘사로 가득한 문장력을 맞닥뜨리는데, 이는 작가의 본업이 영화 감독이라는 사실을 새삼 상기시키는 역할을 한다.

<마당이 있는 집>은 추상은(임지연)의 남편 김윤범(최재림)의 갑작스러운 죽음, 그리고 그보다 전에 마당에 묻혀있던 것으로 추정되는 의문의 시체, 오래전 끔찍하게 살해당한

문주란(김태희)의 언니까지 여러 죽음이 한데 얽혀 극의 분위기를 어둡고 축축한 곳으로 끝도 없이 가라앉게 만들며, 동시에 모든 이들을 의심하게 만든다. <악귀> 역시 초반부터 구산영(김태리)의 친부 구강모(진선규)와 조모 김석란(예수정)이 순차적으로 섬뜩한 죽음을 맞이하고, 이 외에도 산영의 주변에 다수의 죽음이 차곡차곡 겹쳐 쌓인다. 산영에게 들러붙은 붉은 댕기의 악귀가 이들의 죽음을 집어삼키며 점점 거대해진다는 설정으로, 민속학 교수 염해상(오정세)가 조력자로 등장한다.

각각 12부작, 8부작으로 구성된 <악귀>와 <마당이 있는 집>은 눈을 씻고 찾아도 로맨스가 없지만 그것을 대신할 오싹함과 섬뜩함이 그 공백을 굳건하게 채운다. 진부하고 식상한 클리셰 범벅 로맨스 작품보다 이러한 별미의 장르물을 안방에서 즐겨보는 맛은 확실히 쏠쏠하다.

전략적 변화구가 그리는 궤적,

<크래시>

선악 및 남녀 캐릭터 전환,
사적제재 탈피로
빚어낸 변화

ENA 12부작 드라마 <크래시>
Crash | 2024.05.13~2024.06.18

통쾌하다. 지능형이든 육체형이든, 아무튼 범죄자라면 우선 일망타진한다. 상황이 열악하고 머릿수가 열세라고 해도 전혀 상관없다. 답답한 고구마보다는 무조건 사이다를 들이키게 하는 화끈한 전개! 교통범죄수사팀(TCI, Traffic Crime Investigation)을 앞세운 ENA 드라마 <크래시>의 이야기다. 잠깐만 봐도, 왠지 어딘가 낯이 익다. 시즌을 거듭하며 시청자의 사랑을 받고 있는 <모범택시> 시리즈의 잔향이 묻어나서다. 차를 타고 범인을 쫓는 주인공의 모습도 그렇거니와 <모범택시>의 인기 요소들이 적절하게 차용되고 조합돼 속이 뻥 뚫리는 수사극으로 탄생한 일련의 모양새가 그렇다. 사실 <크래시>는 앞서 <모범택시> 시즌1을 연출한 박준우 PD가 메가폰을 잡은 작품이다.

당연하지만 <크래시>에 단순히 <모범택시>의 잔상만 존재하는 것은 아니다. <크래시>는 <모범택시>에서 뻗어나왔지만, 궁극적으로 향하는 궤적은 분명 상이하다. 그 중 하나가 바로 <모범택시>의 핵심 소재였던 '복수대행'과 '사적제재'를 과감하게 걷어낸 점을 꼽을 수 있다. '사적제재'는 보는 이의 공감을 형성하거나 통쾌함을 유발하는 데 도움이 상당했다. 하지만 이런 누적된 호응으로 '사적제재'가 작품 밖 현실에까지 등장했으며, 일부 사회문제로 번지자 우려의 시선도 빚어졌다. <크래시>가 주인공을 모두 다 경찰로 배치한 것은, 공적인 시스템을 통한 정의 구현을 실현되길 바라는 의지이자 바람인 셈이다.

<국민사형투표>, <비질란테>, <살인자ㅇ난감>, <더 글로리>와 <모범택시>까지 사적제재를 소재로 한 작품은 수두룩했다. 경찰은 주로 무능하거나, 부패해 권력과 결탁하거나, 혹은 주인공들의 사적제재 후 수습하는 서브적 역할에 그쳤던 것이 부지기수다. 그러니 <크래시>의 구성이 오히려 돋보일 수 있는 환경이다. 물론 최근 또 한 번 천만영화에 등극하면서 대한민국 최초로 4개 시리즈 누적 관객 4천만 명을 돌파한 <범죄도시> 역시 형사가 주인공이고, 사건 해결과 범인 검거를 주도한다는 면에서 <크래시>와 일정 부분 맞닿는다.

캐릭터 설정에도 확실히 공들였다. 기존 <모범택시>에 등장했던 배우들은 선악이 뒤바뀌며 신선함을 배가시켰다.

K- 콘텐츠의 맥락

극 중 서울남강경찰서 교통범죄수사팀 형사 우동기 역 이호철은 <모범택시> 속 빌런 구석태다. 지하금융계 대모 백성미(차지연)의 오픈팔로서 김도기(이제훈)와 집요하게도 부딪혔던 그가 <크래시>에서는 CCTV 분석 1인자인 자동차 스페셜리스트로 탈바꿈했다. 남강경찰서 서장 구경모는 백현진 배우가 맡았다. 백현진 역시 앞서 <모범택시>에 출연했는데, 5~8회 에피소드 메인 빌런이었다. 당시 유데이터 회장 박양진(백현진)으로 분하며 직원들에게 악질적인 갑질을 일삼는 회장으로 격렬한 분노를 유발했다. 그런 그가 이번엔 경찰서장으로 변신했으니, 그 자체로 이미 색다르다.

선역에서 악역으로 돌아선 인물도 있다. 바로 <모범택시> 시리즈의 무지개 운수 정비실 엔지니어 박진언 역 배유람 배우다. 김도기의 아군으로 활약했던 그가 <크래시>에서는 소시오패스에 가까운 빌런으로 돌변했다. <크래시> 1~2회에서 독거노인 교통사고 위장 살인사건 가해자 정호규 역을 아주 실감나게 소화하며 보는 이들의 소름을 돋게 만들었다.

또한 <크래시>는 단순히 <모범택시> 출연자의 선악을

뒤집는 것에서만 그치지 않고, 주요 남녀 캐릭터의 스테레오 타입도 흔들었다. 압도적인 무력과 남다른 운전 실력을 보유한 민소희(곽선영) 반장과 엄청난 무술 내공을 가진 막내 어현경(문희)은 1회에서 중고차 사기단을 제압하는 과정에서 직접 몸을 쓰며 콤비로 활약한다. 반면 우동기(이호철)는 후방에서 두 사람을 백업하며, 신입 주임 차연호(이민기)에게 수갑 사용범을 알려줄 뿐이다. TCI 팀장 정채만(허성태)도 자신이 쏜 공포탄에 귀가 일시적으로 멀고 당황한 모습을 내비칠 뿐, 이렇다할 초반 활약은 부재했다.

　　선악 캐릭터 전환, 사적제재 탈피 외에도 <크래시>의 흥미요소는 풍성하다. <모범택시>에서 보이스피싱 조직 보스 림복자 역으로 에피소드 빌런이었던 배우 심소영이 매 에피소드마다 각각 비중도 분위기도 전혀 다른 인물로 등장하는 형식의 멀티 캐스팅, <경찰청 사람들>을 패러디한 '경찰서 사람들' 에필로그, 그리고 교통범죄를 중점적으로 다루며 보여주는 화려하고 역동적인 카체이싱 추격신 등이다. 그리고 도로 위의 사건사고와 각종 빌런을 다룸으로써, 다양한 형태로 번지는 도로 위 범죄에 대해 최소한의 경각심을 생성하며

유의미한 족적을 남겼다.

인류를 향한 간절한 메시지,

<기생수: 더 그레이>

지구에 '기생'하며
환경을 파괴하는
인간을 향한 일침

넷플릭스 시리즈 <기생수: 더 그레이>
Parasyte: The Grey | 2024.04.05

이와아키 히토시 작가의 만화 『기생수』는 지난 1988년부터 연재가 시작돼 1995년에 완결됐다. 단순 계산으로도 연식이 30여 년을 훌쩍 넘긴 콘텐츠인 셈이다. 1990년대에 만화를 즐겨 본 이들이라면, 누구라도 한 번쯤은 접해봤을 당대의 인기 작품이기도 했다. 전 세계 누적 판매 부수가 2천 5백만 부를 넘어섰을 정도니깐. 수작으로 평가받던 『기생수』는 애니메이션 <기생수>(2014~2015), 실사 영화 <기생수 파트1>(2014)과 <기생수 파트2>(2015) 등으로 확장됐다. 그리고 마침내 한국에서 <기생수: 더 그레이>란 타이틀의 넷플릭스 오리지널 시리즈로 재탄생했다. 영화 <부산행>과 <반도>의 감독이자, 앞서 넷플릭스를 통해 영화 <정이>와 시리즈 <지옥>을 선보였던 연상호 감독이 메가폰을 잡았다.

<기생수: 더 그레이>는 원작 만화를 비롯하여 애니메이션, 영화 등과 기존 세계관을 공유하고 있다. 지구 최상위 포식자인 인간의 무분별한 환경 파괴를 비판하는 것으로부터 도입부가 시작되는 것도 이러한 맥락이다. 인간의 수가 줄면, 감소한 수치만큼 지구가 덜 고통받을 수 있을 것이라는 '누군가'의 생각에서 비롯돼 '기생수'가 탄생한다는 서사다.

모든 생물의 미래를 지키기 위해 불현듯 등장한 '기생수'는, 인간의 몸을 강탈하는 '바디 스내처'(Body Snatchers) 장르에 근간하여 살인과 식인으로 인류의 수를 빠르게 감소시킨다. '인간의 몸을 숙주 삼아 기생하는 짐승'이라는 의미로 기생+짐승수(獸) '기생수'다.

한국판 <기생수: 더 그레이>는 원작 스토리를 충실히 재현한 작품은 아니다. 기존 『기생수』의 세계관을 공유하되, '기생생물이 한국에 등장하면 어떤 일이 벌어질까?'라는 새로운 상상을 접목시켜 다른 이야기가 펼쳐진다. 간단히 말해 『기생수』의 스핀오프다. 당연히 원작의 인물과 상이한 캐릭터가 등장한다. 얼굴 반쪽에 기생수가 자리한 '정수인'(전소니), 기생수의 정체를 파헤치는 '설강우'(구교환), 기생생물 전담반 '더 그레이' 팀의 팀장 '최준경'(이정현)이다.

원작의 주인공 이즈미 신이치가 자신의 오른쪽 손에 자리한 '미기'(ミギー, 오른쪽이)와 공생하는 변종이었다면, <기생수: 더 그레이>에서는 정수인이 해당 역할을 수행한다. 완전하지 못한 불완전 기생의 '변종'인 탓에 기생수도 인

간도 아닌 '경계에 선 또 다른 존재'로 거듭났다. 기생수와 인간, 두 개의 자아가 직접 대화나 협업이 가능했던 신이치와 달리 정수인은 한 번에 하나의 자아만 몸을 차지할 수 있다는 점은 확연한 차이다. 기생수이지만, 사실상 이중인격 캐릭터에 가까운 장치로 변이된 것. 더욱이 이러한 설정은 두 존재가 원활한 소통이 불가함을 의미하는데, 이때 발생하는 갈등을 설강우가 메신저의 역할을 맡아 상쇄시킨다.

<기생수: 더 그레이>에서 단연 돋보였던 것은 화려한 VFX(Visual effects)다. 종이면에 드로잉 형태로 숨 쉬던 만화적 상상력을 영상으로 구현하는 작업은 기술의 발전을 통해 비로소 가능했다. 어쩌면 오랜 세월 명작으로 주목받던 『기생수』가 예상보다 더 느지막이 영상 플랫폼으로 옮겨온 주요한 이유가 아니었을까 싶을 정도다. 평범한 인간의 얼굴이 여러 개의 눈알과 자유분방한 촉수 형태로 순식간에 바뀌어, 다른 인간의 머리를 통째로 삼키는 광경이 선사한 신선한 충격은 원작 『기생수』를 소비한 기존 독자들이 간직하는 소중한 추억이다. 도파민을 강렬하게 펌핑하는 특유의 섬뜩하고 그로테스크한 비주얼은 『기생수』 세계관의 핵심 요소

인데, <기생수: 더 그레이>는 이를 나름 만족스러운 결과물로 완성했다.

물론 『기생수』의 본질은 고어물에서 뿜어내는 원초적 도파민 생성에만 머무르지 않는다. '인간 혐오'에서 출발한 『기생수』는 시간이 축적되며 인간과 인간성에 대한 관심과 이해로 나아간다. 인간이 기생수를 관찰하고 그들의 행동을 분석하는 반대편에는, 인간을 관찰하고 학습하려는 기생수가 자리한다. 오로지 인간을 제거한다는 일념에서 창조된 기생수가, 인간에 점차 흥미를 내비치는 서사는 많은 것을 시사한다. 기생과 공생, 개인과 조직, 권력욕구와 희생을 강요하는 리더 등 작중 등장하는 면면은 인간 사회의 축소판이다. 이러한 구조는 지구에 실질적으로 기생하는 생물인 '인류'가, 지속적인 파괴를 스스로 중단하고 상생과 공생의 관계로 변화해야 한다는 메시지를 품고 있기도 하다.

<기생수: 더 그레이>는 공개와 함께 넷플릭스 글로벌 톱 10 시리즈(비영어) 1위를 꿰차며 흥행을 일궈냈다. 박수를 보내면서도, 내심 한편으로는 아쉬움도 묻어난다. 완벽한 화

면 구현을 위해 VFX에 매진하는 과정에서 자칫 기술에 매몰돼 원작의 중요한 메시지가 희석된 것은 아닐까 하는 염려다. 30여 년간 극도로 악화된 지구의 현 상황, 그리고 세대와 인간성의 점진적 변화까지 섬세하게 포용한, 철학적으로도 한 단계 진일보한 <기생수>를 기대한 것은 지나친 욕심이었을까. 비주얼의 돋보이는 진화만큼 메시지의 날카로움도 보다 정교하게 갖춰졌다면 그야말로 더할 나위 없었을 텐데 말이다.

의심하고 추리하는 맛!

<우리, 집> & <커넥션>

우리는 '타인'에 대해
얼마나 제대로
잘 알고 있을까

MBC 12부작 드라마 <우리, 집>
Bitter Sweet Hell | 2024.05.24~2024.06.29

SBS 14부작 드라마 <커넥션>
Connection | 2024.05.24~2024.07.06

지난 2019년 OCN에서 방영된 드라마 <타인은 지옥이다>는 고시원을 배경으로 '타인이 빚어낸 끔찍한 지옥'을 밀도있게 다룬 미스터리 스릴러다. 살면서 필연적으로 마주해야 하는 수많은 타인. 그들 본연의 모습을 알지 못한 채로 한 공간에서 살아야만 하는 사실에서 파생된 의심과 두려움, 그것이 한데 뒤엉킨 불안한 감정의 덩어리를 소름돋게 형상화한 작품이었다. 이렇듯 무지(無智)에서 기인한 공포감을 상기시켜보면, 가족이나 연인, 친구와 동료처럼 나와 긴밀하게 연결된 사람들이 제공하는 믿음과 안정감은 더욱 도드라질 수밖에 없다.

<타인은 지옥이다>로부터 약 5년이 흐른 시점인 2024년 방영된 MBC 드라마 <우리, 집>은 나와 밀접한 사람조차 결국 그 속내를 온전히 알지 못하는 '타인'에 불과하다는 사실을 내비친다. 기존에 알고 있던 사실이 죄다 거짓이란 것은 오래 축적된 신뢰를 박살내고, 그 자리를 대신 메우는 것은 당혹감과 배신감 뿐이다. '믿는 도끼에 찍힌 발등'은 더 아프다. 예측이나 예상을 하지 못했던 탓이다. 이는 <우리, 집> 속 대한민국 최고의 가정 심리상담의 노영원(김희선)이 의

사이자 다정한 남편 최재진(김남희)과 존경 받는 검찰총장 출신 시아버지 최고면(권해효)에게 맞닥뜨린 상황이다.

비둘기 사체 모형과 함께 도착한 '당신의 가정은 안녕하십니까?'라는 메시지. 모두의 동경을 받는 완벽한 가족이었던 노영원의 모든 것이 빠른 속도로 무너져내린 것은, 분명이때부터다. 노영원의 시어머니이자 추리소설 작가인 홍사강(이혜영)에게도 비슷한 시기 이상한 일들이 잇따른다. 남몰래 연재 중이던 웹소설에 악플이 달리고, 남편인 고면 사망 사건의 진범이라는 소문까지 번진 것. 노영원과 홍사강은 자신들에게 닥친 위기를 타개해야 했다.

다정했던 남편이 사라지고 그의 숨겨진 실체가 드러나는 모양새는 JTBC 드라마 <하이드>를 떠올리게도 만들지만, 시어머니와 공조해 사건의 진상을 파헤치는 구성은 유사 작품과 차별성을 부여한다. 드라마 단골소재 중 하나인 고부간 갈등이 아닌, 본 적도 없는 고부간 공조. 이러한 두 사람의 협업은 손발이 딱히 잘 맞지 않고, 잦은 횟수로 투닥거리는데 이러한 과정에서 의도한 웃음을 만들어낸다. 사실 <우리,

집>은 코믹 스릴러 장르를 표방한 작품으로 섬뜩하고 잔혹한 사건과 장면이 종종 등장하지만, 적당히 웃음에 버무리며 조금 느슨하고 엉뚱하게 전개로 스릴러 장르 특유의 시청 진입장벽을 상대적으로 낮췄다.

<우리, 집>과 동시기 스타트라인을 밟은 SBS 드라마 <커넥션>의 본격적인 스토리 역시 믿었던 주변인을 주인공 장재경(지성)이 의심하는 것으로부터 비롯된다. 친구였던 박준서(윤나무)의 급작스러운 죽음, 그리고 자신을 납치해 신종 마약에 중독시킨 의문의 '닥터'까지. 마약범죄수사팀 반장에서 마약중독자로 전락한 장재경은 주변 모두를 의심선상에 놓고 집요한 수사를 시작한다. 경찰 선후배나 학창시절 친구에도 예외는 없다. 시청자는 전방위적 의심을 품고 있는 장재경의 날카로운 시선을 쫓으며 함께 추리에 돌입한다.

신종 마약을 주요한 소재로 차용한 <커넥션>은 앞선 드라마 <힘쎈여자 강남순>, <하이쿠키>, <최악의 악>처럼 최근 사회 문제로 대두된 마약의 심각한 위험성과 중독성을 알려 경고한다. 마약에 중독된 형사 장재경을 리얼하게 소화하

고자 배우 지성은 85kg이던 체중을 15kg이나 감량했다. 또한 드라마 제작발표회 현장에서 그는 "마약을 해서 중독된 나, 그 마약을 이겨보려는 나, 마약을 즐겨보려는 나, 그런 내적 구분이 혼란스럽게 싸워가는 걸 연기해야 했다"라고 밝혔던 터. 이걸 인지하고, 드라마를 시청하면 지성이 맡은 장재경 캐릭터의 극악 같은 연기 난이도와 그걸 소화하는 지성에게 연신 감탄사를 내뱉게 된다.

<우리, 집>과 <커넥션>은 의심하고 추리하는 맛이 일품이다. 이것은 시청자의 적극적인 몰입과 참여를 유발할 수 있다는 강점으로도 작용한다. 정해진 시기에 순차적으로 공개되는 TV 드라마 편성은 다음 회차를 기다리는 동안 시청자가 추리의 견고한 층을 쌓을 수 있다는 점에서 전 회차를 동시 공개하는 OTT보다 더 적합한 플랫폼일 수 있다. 더욱이 이러한 작품 특성상 각 회차별 엔딩은 언제나 충격적이고 큰 반전을 안겨주는데, 이것은 자연히 다음회를 궁금하게 만드는 역할을 수행한다.

두 작품 모두 의심의 화살표가 넓고 다양하게 펼쳐져야

하기에 등장 캐릭터가 타 장르에 비해 풍성하다. 여러 작품에서 활약했던 낯익은 배우들이 수두룩해서, 누가 진범이고 흑막일지 추리하는 재미가 쏠쏠하다. 다행히 곳곳에 배치된 배우들은 대부분 연기 내공이 꽤 탄탄하다. <커넥션>은 지성과 전미도을 위시해 권율, 김경남, 정순원, 문성근, 차엽, 윤사봉, 정재광, 박정표 등, <우리, 집>은 김희선과 이혜영과 함께 김남희, 연우, 황찬성, 권해효, 안길강, 신소율, 정건주, 정헌, 한상조, 정웅인 등이 호흡한다.

<우리, 집>과 <커넥션>은 공통적으로, 우리가 평소 잘 알고 있다고 생각한 누군가에 대한 정보가 사실은 온전하지 않을 수 있다는 것을 귀띔한다. 우리는 가까운 '타인'에 대해 얼마나 제대로 잘 알고 있는 것일까. 작품을 시청하면, 아마도 한 번쯤 주변인을 곱씹어 보게 될지도 모른다. 물론 그 종착역이 '모두를 의심하라'로 귀결되지 않고, 또 다른 누군가와 관계를 맺고 새로운 신뢰를 쌓고 서로에게 다시 기대고 의지하는 결말로 가길 바라는 것은 지극히 자연스럽다. 인간은 끊임없이 타인과 상호작용을 통해 함께 어울림으로써 자신의 존재를 확인하는 사회적 동물이니 말이다.

웃음 너머에 새겨진
전통적 남성성의 해체

<나는 돈가스가 싫어요>

<돈가스>가 다룬
인간의 정관수술과
반려동물의
중성화수술의 의미

MBC 2부작 드라마 <나는 돈가스가 싫어요>
The Pork Cutlets, | 2024.07.05~2024.07.06

"독특하고 유쾌하다." MBC 2부작 단편드라마 <나는 돈가스가 싫어요>를 향한 대중의 반응이다. 해당 작품은 주인공의 정관수술과 이웃 반려견의 중성화수술을 병치시키는 구조로 직접적인 웃음을 유발한다. 옹화마을 카사노바 견 '백구'의 중성화수술에 앞장섰던 마을 이장이 자신도 정관수술을 할 처지에 놓이자 '백구'의 입장을 단박에 이해하게 된다는 스토리. 안방극장 드라마에서 좀처럼 볼 수 없던 소재들을 차용했음은 물론, <SNL코리아> 등으로 코믹 연기에 특화된 정상훈 배우를 주인공으로 앞세운 점에서 <나는 돈가스가 싫어요> 제작진의 의도가 엿보인다. 아내 임신애(전혜빈)와의 사이에서 아들 셋에 이어 아들 쌍둥이까지 갖게 된 정자왕(정상훈)은, 등떠밀리듯 정관수술을 결심한다. 이렇듯 '나는 돈가스가 싫어요'는 엉뚱한 타이틀부터 직관적인 캐릭터 명, 정관수술과 중성화수술이라는 소재, 시트콤이 연상되는 전개까지 그야말로 작정하고 웃음을 겨냥한 작품처럼 보인다.

하지만 작품의 표피를 헤집고 안으로 들어서면, 또 다른 흥미로운 시도들이 엿보인다. 한국사회, 특히 작품의 주요한 배경이 되는 농촌사회에서의 남성 중심적 사고와 가부장제의 문제를 예리한 시각으로 바라보고 분석한 행위다. 과거에 한국의 남성들은 가족의 생계와 가문의 계승자로서 역할과 책임이 요구됐고, 이러한 강요는 다시 전통적 남성성에 대한 고정관념을 고착시키고 강화하는 경향으로 직결됐던 바. 극 중 정자왕이 겪는 정관수술은 이러한 전통적 사고와 직접 충돌하며, 남성성에 대한 의미를 재고하게 이끄는 상징이 된다. 남성의 번식 능력을 의학적으로 제한하는 정관수술은 가부장제 사회의 남성성에 대한 위협 그 자체인 탓이다. <나는 돈가스가 싫어요>는 정자왕 외에도 이러한 남성들이 모인 '중동모임'(중성화 동기 모임)을 등장시키며, 변화된 현대사회의 남성들을 내비치고 강조한다. 자칫 무거울 수 있는 사회적 메시지를 유머로 재치있게 풀어낸 셈이다.

인간의 정관수술과 반려견의 중성화수술을 병렬 배치한 점 역시 인상적이다. 현대사회에서 반려동물의 중성화는 과도한 번식 억제, 유기문제를 해결하기 위한 필수불가결한 선택으로 인식된다. 이는 결과적으로 동물 복지의 영역으로도 확장된다. 물론 이것이 인간의 편의를 위해 인간이 내린 결정이고, 결국 인간 중심적 사고라는 점에서 완전히 벗어날 수는 없다. 때문에 '백구'의 중성화를 반대하는 춘심(김영옥)과 복철(조단)처럼, 일부에서는 여전히 이를 동물에 대한 잔혹한 행위로 간주하기도 한다. "얼마나 아프겠어유. 말도 못하는데"라는 복철의 말은 동물이 겪는 고통에 대한 인간의 책임을 다시금 상기시킨다. 그러니깐 복철이 백구를 염색해 위장시켜 숨기는 장면은, 동물의 권리와 고통을 고려하는 책임감 있는 행동 촉구의 상징적 메시지로도 치환될 수 있다. 이러한 정관수술과 중성화수술의 나열은, 인간과 동물의 번식 능력을 제한하는 행위가 과거와 현재에 사회적으로 어떻게 변화하고 받아들여지는지를 사유하게 이끈다. 사고의 주체에 대한 진지한 고민도 함께 곁들이면서.

미국의 시인이자 초월주의 철학자 헨리 데이비드 소로는 "우리가 깨달음을 얻는 순간은 기존의 가정과 관습을 넘어 새로운 길을 찾아야 할 때다"라고 말하지 않았던가. 웃음으로 버무린 정관 수술 에피소드는 결과적으로 가부장제 사회의 남성성에 대한 도전과 재고를 이끌어냈고, 중성화수술은 인간중심적 사고를 벗어나 동물의 권리와 고통을 이해하려는 자세도 동반되어야 한다는 것을 상기시켰다.

'겉코속진'(겉은 코믹하고 속은 진지한) 내용적 특성과는 별개로, <나는 돈가스가 싫어요>가 가진 편성전략의 특성도 눈길을 사로잡는 요소 중 하나다. MBC 극본 공모전을 통해 2부작 단편으로 제작된 이 드라마는 현재의 지상파 방송사들이 변화하는 미디어 환경에 적응하기 위한 시도의 일환으로도 해석될 수 있다. 당초 신인 작가와 십입 PD에게 입봉의 기회를 부여하고 실험적 시도를 가미했던 단편 드라마는 과도한 시청률 경쟁과 광고 수익의 문제로 인해 편성에서 밀려 점차적으로 사라졌던 상황. 하지만 최근 OTT 플랫폼의 부상으로 다양한 형식과 분량의 콘텐츠가 다시 주목받았고, 이는 지상파 방송사들에게도 영향을 미쳐 단편 드라마의 부활로까지 이어지게 된 셈이다. <팬레터를 보내주세요> 이후 약 1년 8개월 만에 MBC가 선보인 단편드라마 <나는 돈가스가 싫어요>는 지상파가 새로운 콘텐츠로 시청자에게 더 다양한 이야기를 제공하려는 노력의 산물이다.

굵직한 메시지 외에도 소소한 메시지들을 발굴하는 재미

도 쏠쏠하다. 주로 미디어에서 보수적이고 폐쇄적인 집단으로 다뤄지는 한국의 농촌 사회를 여러 사회적 논의와 변화에 기민하게 대처함은 물론, 주민들의 기쁨과 슬픔을 함께 나누며 가족처럼 지내는 모습으로 긍정적 면을 부각시켰다. 주민의 임신 소식에 마을 잔치를 벌이고, 백구의 염색 사실을 모르는 척하며 눈감아주는 장면 역시 농촌 사회의 따뜻함과 포용력을 강조한다. 또한 정상훈과 전혜빈을 필두로 이중옥, 김영옥, 김수진, 이지훈, 김미화, 박경혜 등 탄탄한 연기력의 배우들이 합을 맞춰 스타 배우 없이도 완성도 높은 작품의 가능성을 높인 점도 주목할 대목이다.

유쾌한 코미디에 깊이 있는 사회적 통찰을 더해 전통적 남성성과 가부장제를 새로운 관점에서 재해석한 <나는 돈가스가 싫어요>는 지상파 단편드라마의 부활을 통해 변화하는 미디어 환경에서 다양한 이야기가 빛을 발할 가능성을 보여줬다. 앞으로도 지상파에서도 이러한 실험적 시도가 더욱 다채롭게 펼쳐지길 기대하며, <나는 돈가스가 싫어요>가 그 시작을 알리는 의미 있는 사례로 또렷하게 새겨질 수 있길 바란다.

불륜이 만든
격렬한 공감대

<나의 해피엔드>

& <내 남편과 결혼해줘>

내 남편이
내 절친과
바람을 폈다

TV조선 16부작 드라마 <나의 해피엔드>
My Happy End | 2023.12.30~2024.02.25

tvN 16부작 드라마 <내 남편과 결혼해줘>
Marry My Husband | 2024.01.01~2024.02.20

콘텐츠 업계에는 '불륜 불패'라는 말이 있다. 불륜이라는 자극적인 소재가 대중의 시선을 끌기에 용이하다는 이유로 생겨난 표현이다. '욕을 하면서 보는 대중 심리'의 반영이랄까. 배우 심은하의 명대사 "부숴버릴 거야"로 회자된 <청춘의 덫>(1999), 눈 밑 점과 함께 복수극을 완성한 장서희의 <아내의 유혹>(2008), 김희애가 불륜의 가해자와 피해자를 모두 연기하며 인정받은 <밀회>(2014)와 <부부의 세계>(2020), 그리고 엄정화의 배우 인생 2막을 열어준 <닥터 차정숙>(2023)까지, 불륜을 소재로 한 드라마는 세기를 넘어 꾸준히 이어져왔다. 드라마 <내 남편과 결혼해줘>와 <나의 해피엔드> 역시 배우자의 불륜을 전면에 내세운 대표적인 작품들이다. 두 드라마 모두 주인공이 극 초반에 남편과 자신의 절친이 불륜을 저지르는 현장을 목격하며 이야기가 본격적으로 전개된다.

<나의 해피엔드>는 수천억 매출을 자랑하는 가구 브랜드의 CEO 서재원(장나라)이 자상한 남편 허순영(손호준)과 오랜 절친 권윤진(소이현)의 불륜을 목격하며 시작된다. 그날 이후, 작은 균열로 시작된 의심은 남편의 거짓말을 통해

확신으로 바뀌고, 결국 그녀의 삶 전체를 송두리째 뒤흔든다. <내 남편과 결혼해줘>는 더 자극적이다. 말기암 판정을 받고 생의 끝자락에 선 주인공 강지원(박민영)은 자신이 믿고 의지하던 절친 정수민(송하윤)과 남편 박민환(이이경)의 불륜 현장을 안방 침대에서 직접 목격한다. 게다가 박민환은 아내의 사망 보험금을 노리는 계획까지 세우고 있었으며, 불륜이 발각된 순간조차 적반하장으로 큰소리를 친다. 이를 옆에서 얄밉게 거드는 정수민의 모습은 혈압을 오르게 한다.

왜 하필 남편과 절친의 불륜일까. 불륜은 현실에서든 작품 속이든, 짧은 시간에 분노를 유발하게 한다. 불륜으로 촉발된 격한 분노는 아주 빠르고 견고하게 모두의 공감대를 형성한다. 이 과정에서 남편의 불륜 대상이 철썩같이 믿었던 절친이라면, 당사자가 받게 되는 충격이 배가되는 것이 당연하다. 인생에서 가장 중요한 자리를 차지했던 두 사람이 동시에 뒷통수를 친 모양새이기에, 배신감은 그야말로 극에 달할 수밖에 없다. 초고속으로 공감대를 형성한 시청자들은, 최악의 상황에 처한 주인공이 앞으로 취할 행동에 관심을 집중한다. '내 남편이 절친과 바람이 났다'라는 지극히 짧은 한

줄 요약 만으로, 비교불가한 강력한 몰입감이 모두에게 부여되된 셈이다. 무엇으로도 대체불가한, 아주 지독한 클리셰다.

유사한 출발선을 가진 두 작품은 이후 서로 다른 방향으로 흘러간다. <나의 해피엔드>는 단순히 불륜 소재에 머무르지 않는다. 주인공 서재원(장나라)은 남편과 절친의 배신을 넘어, 생명을 위협하는 스토커와 친엄마를 독살한 혐의를 받는 계부까지 마주한다. 이러한 인물들이 하나둘 추가되면서, 서재원은 점점 더 막다른 곳으로 내몰린다. 남편, 절친, 회사 동료, 그리고 가족인 계부까지 믿을 사람이 단 한 명도 남지 않은 상황은 서재원을 극한의 상태로 몰아넣으며 보는 이들까지 숨 막히게 만든다.

반면 <내 남편과 결혼해줘>는 최근 유행하는 회귀 코드를 접목시켰다. 불륜을 목격하고 남편에게 살해까지 당한 그날, 억울한 강지원이 다시 눈을 뜬 곳은 남편 박민환과 사내 커플이던 10년 전의 순간이었다. <나의 해피엔드>가 스릴러 장르와 결합했다면, <내 남편과 결혼해줘>는 판타지 장르를 선택했다. 이런 구조와 형태는 2023년 하반기 방영된 MBN

드라마 <완벽한 결혼의 정석>과도 꽤 유사하다. 이미 엎질러진 물을 수습하는 일은 쉽지 않지만, 물이 엎질러지기 전의 상황으로 되돌아가면 수습은 당연히 용이하다.

불륜이라는 소재를 차용한 점은 같지만, 이를 해결하는 방식은 작품마다 다르다. '불륜 소재' 작품들의 중요한 기획 의도는 주로 불륜 사건 이후에 초점이 맞춰진다. 불륜을 목격한 주인공이 분노를 자신에게 돌려 자책하며 망가지는 경우나, 불륜 배우자를 용서하고 행복한 가정을 봉합하는 이야기는 드물다. 대신 상대에 대한 신뢰가 산산조각나고 감정이 상했더라도, 그로 인해 자신의 삶까지 무너지게 두지 않는 데에 무게를 둔다. 이후의 삶이 이전과는 다른, 더 나은 방향으로 나아갈 수 있도록 이야기가 전개된다. 회귀라는 특수성을 삽입한 <내 남편과 결혼해줘>는 이러한 특징이 더욱 두드러진다. 과거로 돌아간 주인공이 새로운 선택을 통해 자신의 삶을 재정비하고자 하는 과정이 드라마의 핵심 메시지로 자리한다.

10년 전으로 회귀한 강지원은 당시와 동일한 사건과 상황을 다시 마주한다. 하지만 그녀는 행동과 마음가짐을 바꾸면서, 결과가 조금씩 달라질 수 있다는 것을 깨닫는다. 과거에는 타인의 눈치를 보며 자신을 후순위로 밀어냈던 잘못된 태도를 바로잡은 덕분이다. 결국, '불륜 목격'이라는 최악의 사건이 그녀로 하여금 자신의 소중함을 깨닫게 하는 계기가 된 셈이다. 자신을 있는 그대로 아끼고 사랑해주는 새로운 인연을 만나는 것은, 로맨틱 코미디 장르가 선사한 보너스 같은 요소다. 그 역할은 유지혁 역을 맡은 배우 나인우가 소화하며, 이야기에 따뜻한 감동을 더한다.

클리셰가 사용됐지만, 그렇다고 무조건 뻔하지 않다. 오히려 이러한 장치로 속도감 있게 전개된 초반 스토리는, 요즘 세대의 사고와 트렌드를 기민하게 반영해 익숙하지 않은 곳으로 시청자를 안내해 차별화를 긋는다. 그러한 서사가 얼만큼 충분한 공감대를 쌓고, 적절한 핵심 메시지로 이어지느냐가 작품 완성도를 가늠하는 평가 포인트다. 익숙하게 시작한 <나의 해피엔드>와 <내 남편과 결혼해줘>가 각각 어떤 종착지에 닿을지 기대하면 보는 맛을 즐겨보시길.

진화된 현대인의
생존 전략,

<손해 보기 싫어서>

손해 보지 않기 위해
가짜 결혼까지 감행한
K-직장인

tvN 12부작 드라마 <손해 보기 싫어서>
No Gain No Love | 2024.08.26~2024.10.01

로맨틱 코미디는 클리셰의 집합체다. 제한된 시간 안에 더 많은 공감을 일궈내야 하는 만큼, 검증된 재료들을 가져다 쓰는 것이 여러 면에서 효율적인 탓이다. 로코 장르를 소비하는 시청자 역시 타 장르에 비해 시선이 날카롭지 않다는 점도 어느 정도 이를 부추겼다. 뻔한 스토리와 진부한 전개는 '아는 맛'으로 포장되고, 적당한 선에서 용인됐다. 덕분에 로코 드라마의 변주는 제한적일 수밖에 없다. 2024년 상반기 방영된 <선재 업고 튀어>가 회귀와 타임슬립을 버무리고, 스릴러 요소까지 가미한 점은 그래서 인상적이다. 그 결과는 가히 신드롬급 인기로 이어졌다.

현재 방영 중인 로코물 중에 '클리셰를 비틀었다'라고 강조하는 작품은 즐비하지만, 단연 눈길을 사로잡는 작품은 tvN에서 방영된 드라마 <손해 보기 싫어서>가 아닐까 싶다. 손해영(신민아)은 "손해 보지 않겠다"는 결연한 의지를 바탕으로 계산적인 행동을 일삼는 주인공으로, 이타적 성향을 내비친 그간의 K-로코 주인공들과 결을 확실히 달리한다. 손해를 싫어하는 사람은 실제로 많고, 당연히 드라마에서도 이런 인물은 종종 등장한다. 물론 대부분은 손실을 집요하게 따지는 모습으로 억지스럽게 웃음을 유발하는 캐릭터 정도로 활용된다. 손해영처럼 작품을 이끄는 주연, 그것도 로코 장르의 여자 주인공이 이런 경우는 흔치 않다는 소리다.

그렇지만 손해영의 고집은 밉지 않고, 오히려 반갑다. 경쟁적이고 실리적인 사고가 강조되는 현대 사회에서 스스로를 지키는 현실적 인간상으로 사람들의 공감을 자아냈기 때문이다. 최근 젊은 세대는 감정보다 실리를 우선시하는 경향이 짙다. 사회적 관계에서도 손익을 따지는 모습이 자연스럽고, 연애와 결혼도 필수가 아니다. 그러니까 손해영은, 작금의 시대 분위기를 고스란히 반영해 탄생한 새 로코 주인공인 모양새다.

능력이 출중한 'K-직장인' 손해영은 결혼하지 않았다는 이유로 회사에서 차별을 받는다. 꿀비교육은 미혼 여성에게 승진 기회가 제한되고, 복지 혜택도 기혼 직원들에게 집중되는 회사다. 단지 결혼하지 않았다는 이유로 불이익을 감수해야 하는 상황에 놓인 손해영은 결국 스스로 '가짜 결혼'을 택한다. 로맨스를 기반으로 한 결혼이 아닌 점에서 '계약 결혼'

소재의 <마이 데몬>이나 <열녀박씨 계약결혼뎐>을 떠올리게도 하지만, 손해영은 현대 사회의 불평등한 시스템 속에서 살아남기 위한 지극히 현실적 선택이라는 점에서 두 작품과 차별선을 긋는다. 손해영의 이야기는 많은 미혼 여성들이 직장에서 겪는 결혼에 대한 압박을 상징한다.

실제 한국 사회에서는 여성들이 결혼과 출산을 결정하는데 있어 직장 내 불이익은 중요 문제로 떠오르고 있다. 2023년 12월 국회입법조사처가 발표한 '20~30대 여성의 고용·출산 보장을 위한 정책방향' 자료와 고용노동부 보고서에 따르면, 결혼과 출산에 대한 압박이 커지면서 여성들이 커리어와 개인적 삶 사이에서 어려움을 겪고 있다는 점이 확인됐다. 결혼하지 않거나 출산을 계획하지 않는 여성들은 승진에서 배제되거나, 복지 혜택에서 소외되는 경우가 빈번하다. 이는 개인의 문제가 아니라, 더 넓은 사회적 차별과 연결된다.

2023년 한국의 출산율은 0.78명으로 경제협력개발기구(OECD) 국가 중에서 가장 낮은 수치를 기록했다. 저출산 문제를 해결하기 위해 정부는 다양한 출산 장려 정책을 시행하고 있지만, 이러한 정책들이 모든 사람의 선택을 존중하지 못하고 있다는 점이 문제로 지적된다. 결혼과 출산을 선택하지 않거나 선택할 수 없는 사람들을 복지 혜택에서 배제시키는 것은 개인의 자유와 선택을 존중하는 사회에서 역설적인 상황을 불러일으킨다. 이러한 현실 속에서, <손해 보기 싫어서> 속 손해영은 권리를 지키기 위해 '결혼'이라는 선택을 하게 된 것이다.

현대 사회에서 결혼과 출산은 당연한 선택으로 여겨지지 않는다. 설령 이를 선택하지 않더라도, 우리는 개인의 권리를 보호하고 존중해야 한다. 그러나 여전히 사회적 시스템은 결혼과 출산을 기준으로 복지 혜택을 나누고 있으며, 이러한 구조는 비혼 혹은 비출산을 선택한 사람들에게 또 다른 불평등을 야기한다. <손해 보기 싫어서>는 이러한 문제를 단순히 현실적으로만 보여주는 것이 아니라, 로맨틱 코미디라는 장르적 틀 안에서 유쾌하게 풀어내면서도 시청자들에게 중요한 메시지를 던진다. 현대 사회에서 각자의 선택은 존중받아야 하며, 누구나 자신의 권리를 지키기 위해 다양한 선택을 할 수 있어야 한다는 점이다.

손해영은 직장 내 차별을 극복하고 자신의 권리를 주장하면서도, 인간적인 감정과 관계 속에서 성장해 나간다. 그녀의 이야기는 단순 로맨스가 아닌, 현대 사회에서의 생존 전략을 보여주며, 시청자들에게 깊은 공감을 불러일으킨다. <손해 보기 싫어서>는 전통적인 로코에서 한 발 더 나아가, 사회적 불평등을 담아내며 로코의 새로운 방향을 제시한다.

물론 이러한 설명을 차치해도 괜찮다. '계산기를 두드려 김지욱(김영대)과 가짜 결혼을 했는데, 결국 진짜 사랑에 빠지게 됐다' 라는 굵직한 줄기만 흡수해도 전혀 문제되지 않는다. 실리적인 이유로 시작한 현대인의 관계 역시도 시간이 지나면서 감정적 연결을 형성할 수 있다는 것도 중요한 포인트이니 말이다. 계산과 감정은 상충되는 것이 아니라, 서로를 보완할 수 있다는 점도 <손해 보기 싫어서> 제작진이 로코라는 포장지에 감싸서 건넨 중요한 알맹이니깐. 결국 한가지 확실한 것은 이 드라마는 클리셰로 버무러진 그저 뻔한 로코는 아니라는 사실이다.

'인생폭망' 주인공들

<닥터슬럼프>
& <끝내주는 해결사>
& <웰컴투 삼달리>

우리는 한 치 앞도 모른 채
뜨지 않는 해를,
그럼에도 기다리고 있었다

JTBC 16부작 드라마 <닥터슬럼프>
Doctor Slump | 2024.01.27~2024.03.17

JTBC 12부작 드라마 <끝내주는 해결사>
Queen of Divorce | 2024.01.31~2024.03.07

JTBC 16부작 드라마 <웰컴투 삼달리>
Welcome to Samdal-ri | 2023.12.02~2024.01.21

망했다, 예고도 없이 갑자기. 극단적인 상황 설정으로 이야기를 여는 작품들은 다양하다. 핵 전쟁, 좀비 사태, 기후 재앙, 운석 충돌 등 아무튼 예기치 못한 무언가로 인해 송두리째 파괴된 세계가 눈앞에 펼쳐진다. 포스트 아포칼립스다. 그런데 이 '망함'의 규모를 세계 전체가 아닌 개인으로 축소시키면 어떨까. 작품의 장르도, 분위기도 확 바뀐다. 세상 모든 것이 그대로인데, 나만 홀로 망한다? 어떤 의미에서 이것은 지구 멸망으로 모두가 무(無)에 가까운 상태에 닿아 평등한 것보다 더욱 암울할지도 모른다. 인간은 늘 타인과 자신을 비교하는, 지독히 상대평가에 익숙한 존재니깐.

JTBC 드라마 <닥터슬럼프>는 이러한 인생 변곡점에 선 주인공의 이야기를 그린다. 제목 그대로 인생 최대의 슬럼프에 빠진 의사들의 '망한 인생' 심폐 소생기. 학창 시절 전교 1등, 한국대 의대 진학, 실력 있는 성형외과 의사, 장관상도 받고, 출연하는 유튜브 채널은 골드 버튼을 받을 만큼 인기다. 외모도 인성도 훌륭한 스타 의사 여정우(박형식)는 대중의 관심과 사랑을 한 몸에 받는다. 그렇게 차곡차곡 긴 세월 쌓아 올린 그의 인생 공든탑이 무너지는 것은 그저 찰나에 불과했다. VIP 환자가 사망하는 의료 사고, 이른바 '마카오 카지노 재벌 상속녀 사망 사건'으로 여정우는 백억대 소송에 휘말리고 인생은 점차 걷잡을 수 없이 파국으로 치닫는다.

여정우와 학창시절 1등을 다퉜던 남하늘(박신혜)도 마취과 의사가 됐지만, 번아웃 증후군과 우울증으로 말미암아 평범한 인생을 살아내기조차 버겁다. 교수의 부당한 요구와 갑질은 날이 갈수록 심해졌고, 결국 남하늘은 의사 가운을 벗어던지고 퇴사를 결심한다. 만나면 으르렁댔던 여정우와 남하늘 두 사람은 그렇게 각자의 슬럼프를 안고, 14년 만에 마주한다.

<닥터슬럼프>와 유사한 시기에 방영됐던 드라마 <끝내주는 해결사>의 주인공 김사라(이지아)의 삶도 순탄치 않기는 마찬가지다. 대한민국 최고 로펌 '차율'의 며느리이자, 잘나가는 이혼 변호사였던 김사라는 믿었던 남편의 배신으로 하루아침에 이혼녀에 전과자로 전락한다. 더욱이 아이까지 빼앗겼다. 돈, 명예, 그리고 소중한 피붙이까지 몽땅 잃어버린 최악의 상황이다.

의사와 변호사, 성공한 전문직을 대변하는 해당 직종에서도 상위에 해당했던 두 작품 속 주인공들의 실패와 추락은 그렇기에 더 뼈아프고 쓰라리다. 공교롭게도 <닥터슬럼프> 전작 드라마 <웰컴투 삼달리> 역시 유사한 상황이 등장한 바 있다. 국내 최정상 패션 포토그래퍼 조삼달(신혜선)이 억울한 후배의 갑질 논란에 휘말려 모든 것을 내려놓고 고향인 제주의 삼달리로 도망가는 초반 도입부가 바로 그것이다. '내가 제일 잘나가'란 노래가 누구보다 어울렸던 주인공들은, 예상치 못한 상황과 사건으로 물질적 풍요와 명예를 몰수당하고 정신적 고통을 내면으로 들인다.

이토록 주인공의 망한 인생을 앞세워 드라마가 하고 싶은 말은 무엇일까. 아니, 그보다 앞서 왜 이렇게 비슷한 설정의 작품이 범람하게 된 것일까? 긴 코로나 팬데믹이 지나고, 물가와 금리의 동반 상승, 경제적 불황이 차례로 고개를 드밀고 있다. 평범한 보통의 삶을 영위하는 것조차 쉽게 허락되지 않고, 갑자기 들이닥친 시련으로 괴로워하고 좌절하는 이들의 소식이 하루가 멀다 않고 뉴스를 통해 들려온다. 누군가에게는 마냥 즐겁고 행복한 타인의 이야기가 불편할 수도 있다는 소리다. 자극적인 스토리로 도파민을 자극하는 것도 마냥 해법은 아니다. 최악을 마주한 주인공에게 펼쳐진 또다른 세상, 그리고 이후에 그들이 그것을 극복하거나 혹은 그 자체를 포용하는 서사가 왠지 조금 더 흥미롭고 구미를 당긴다.

강제적으로 주어진, 인생 쉼표의 시간. <닥터슬럼프> 여정우는 남하늘이 학창 시절 공부를 위해 참았다는 떡볶이, 오락실, 노래방을 함께 즐긴다. 성공을 위해 우선순위에서 밀려 포기했던 소박하고 평범한 순간을 만끽한 그들은 억지로 힘내지 않고 그냥 쓰러져 있는 편을, 그렇게 쓰러진 김에 좀 쉬는 삶을 택한다. <끝내주는 해결사> 김사라는 변호사가 아닌 이혼 해결사가 되어 자신과 같은 처지에 놓인 의뢰인들이 이혼을 할 수 있도록 수단과 방법을 가리지 않고 돕는다. 그러면서 잃었던 자신의 진짜 삶에 다가선다. <웰컴투삼달리> 조삼달은 어떤 상황에서도 항상 자신의 곁에서 응원하고 지지하던 가족과 친구들의 소중함을 깨달았다.

남들에게 뒤처지지 않고 남들만큼 평범한 삶을 살기 위

해서, 우리는 매일매일 남들보다 더 노력하고 애를 쓴다. 그렇게 흘려보낸 시간 깊숙한 어딘가에 파묻혀, 스스로를 잃어버리거나 번아웃에 허덕이며 우울증과 자괴감으로 정작 중요한 것을 놓쳐버리는 경우가 종종 있다. 인간은 쉬지 않고 일만 지속할 수 있는 기계가 아니며, 성공을 위해 미치도록 내달릴 의무도 없다. 나를 돌아보고, 당연하게 여겼던 주변의 소중함을 새기는 시간. 누구에게나 쉼의 시간은 필요하다. <닥터슬럼프>에서 일출을 보러 속초에 갔다가 흐린 날씨로 해를 못 보는 에피소드가 있다. 그때 나온 내레이션은 인상적이다. "비록 오늘은 해가 뜨지 않았지만, 내일은 뜰 것이다. 그렇게 우리는 한 치 앞도 모른 채 뜨지 않는 해를, 그럼에도 기다리고 있었다." 우리 인생도 이와 마찬가지다.

'마녀' 세계관에 얹힌
맛깔나는 토핑,

<폭군>

<마녀2>에서 <마녀3>로 나아가기 위한 쓸만한 디딤돌

디즈니+ 4부작 시리즈 <폭군>
The Tyrant | 2024.08.14

우리가 '마블' 시리즈를 즐겁게 본 이유 중 하나는 장대한 세계관을 시리즈나 스핀오프 형태로 연달아 선보이며, 보는 이들에게 능동적으로 그것을 연결하는 쾌감을 부여했기 때문이다. 물론 그 과정에서 한 편 한 편을 온전히 떼어놓고 봐도 완성도 있는 독립된 작품으로서의 역할을 수행해야 함은 당연하다. 세계관을 구축하는 초반부는 힘이 들지만, 그것이 공고하게 구축된 이후에는 다양한 가능성과 방향성이 담보된다. 모두가 '유니버스'를 탐내는 이유다.

디즈니+ 시리즈 <폭군>은 바로 이런 맥락에서 탄생했다. '폭군 프로그램'의 마지막 샘플이 배달사고로 사라진 후, 각기 다른 목적으로 그것을 차지하기 위해 모여든 사람들이 서로 쫓고 쫓기는 이야기를 그린 추격 액션 스릴러. 전체 에피소드가 공개되자마자 곧바로 긍정적인 반응을 얻으며, 글로벌 OTT 콘텐츠 순위에서 최상위권을 차지한 이 작품의 성공은 단순히 잘 만들어진 추격 액션 콘텐츠 그 이상의 의미를 담고 있다.

<폭군>은 2018년 개봉한 영화 <마녀>와 2020년 개봉한

<마녀(魔女) Part2. The Other One>(이하 <마녀2>)와 세계관을 공유한다. 이들을 잇는 <폭군>은 <마녀3>가 아닌 스핀오프 작품으로, <마녀>와 <마녀2>보다 앞선 시점을 배경으로 한다. '마녀 시네마틱 유니버스'가 확장된 세계관을 기반으로 더욱 복잡하고 다층적인 이야기를 본격적으로 풀어내기 시작한 셈이다.

이러한 <마녀> 시리즈와 <폭군>을 탄생시킨 이는 박훈정 감독이다. 그는 신인 배우 발굴에 있어서 특히 탁월한 안목을 보여왔다. <마녀>의 김다미, <마녀2> 신시아에 이어 <폭군>에서는 조윤수가 새로운 얼굴로 등장한다. 박 감독은 신인 배우가 캐릭터에 온전히 녹아들어 관객들이 그 캐릭터로 받아들이는 점에 늘 주목해왔다. <폭군>에서 조윤수가 연기하는 자경 캐릭터는 거친 원초적 액션과 강렬한 존재감으로 이번 시리즈의 핵심 인물로 자리 잡았다.

<폭군>은 당초 영화로 기획돼 만들어졌다가 OTT 시리즈로 선회했다. 하나의 영화가 4개로 구획되는 물리적 분할 과정을 거치면서, 각 편의 독립적 완성도에 대한 아쉬움을

유발하기도 했다. 그럼에도 불구하고 OTT의 강점을 십분 활용한 혈흔이 낭자한 총칼 액션은 시청자에게 강렬한 인상을 남기는 데 성공했다. 앞서 박훈정 감독은 자신의 전작 <신세계>, <낙원의 밤>, <귀공자> 등을 통해 피가 사방으로 튀는 특유의 액션을 소화해왔다. 그 결과, <폭군>은 박 감독의 장기를 집약한 작품으로 탄생할 수 있었다. 또한 짧은 분량이지만 말미의 탈(脫)인간급 액션 장면 역시 <마녀>로 축적된 노하우가 발휘됐다.

박훈정 감독의 손을 잡은 디즈니+는 어떠한가. 역대급 흥행작이었던 시리즈 <무빙>은 국내에서 드문 초인들의 서사와 액션으로 환호를 받았고, <최악의 악>이나 <킬러들의 쇼핑몰>은 피가 흩뿌려지는 총칼 액션을 선보이며 관심을 끌었던 바. <폭군>은 이런 바통을 이어받아 OTT에서 가능한 수위 높은 액션을 보여주며, '액션 맛집'으로서 디즈니+의 강점을 극대화했다.

이미 한국에도 '유니버스'라 불리는 작품들이 존재한다. 배우 마동석이 주축으로 속시원한 액션을 앞세운 <범죄도시>

시리즈, 연상호 감독의 기이하고 오컬트적 요소가 버무려진 '연니버스'(연상호 감독+유니버스)가 대표적 예다. 다만, 이 경우 특정 배우나 특정 감독이 부각된 형태라, 설정과 서사로 유기적으로 연결된 이번 '마녀 시네마틱 유니버스'와는 궤를 조금 달리한다. <마녀> 시리즈는 설정과 캐릭터의 연계성을 통해 독창적인 세계관을 구축했다는 점에서 한국 콘텐츠의 새로운 가능성을 제시한 선구적인 사례로 평가받을 만하다.

　<폭군>이 깔아놓은 서사는 <마녀3> 공개에 앞서 충분한 판을 구축했다. 1편의 구자윤(김다미), 2편의 소녀(신시아), 장(이종석), 그리고 3편의 채자경(조윤수)과 임상(차승원)이 한곳에 모일 수 있는 환경이 조성됐고, 1세대와 2세대, 그리고 오리지널과 유니언 등 능력자 혹은 실험체 범위가 확장됐다. 본사 내부의 파벌 다툼, 한국을 비롯한 여러 국가 간 신경전 등 외부 상황도 복잡하게 얽혔다. 이는 한 편으로는 설명할 수 없는 이야기지만, 각각의 독립적 개체로 활약했던 <마녀> 시리즈와 <폭군>이 해당 역할을 수행했다. 이제 <마녀3>가 얼마나 잘 완성되느냐에 따라 이 모든 개별작들이

하나의 유기체로 구성될 수 있을지가 판가름날 것이다.

　　<폭군>은 '마녀 시네마틱 유니버스'의 확장을 위한 디딤돌 역할을 톡톡히 해냈다. 과연 <마녀3>는 전무하다시피 했던 흥미로운 세계관을 공통분모로 하는 '유니버스 작품'의 방점이 될 수 있을까? <폭군>이 그려낸 서사와 액션의 힘은 '마녀 시네마틱 유니버스'가 단순한 K-콘텐츠가 아닌, 글로벌 시장에서도 충분히 경쟁력을 가진 프랜차이즈로 발전할 수 있는 가능성을 열어두었다. 이는 디즈니+와 박훈정 감독이 만들어낸 시너지가 이루어낸 결실이기도 하다. 앞으로 '마녀 시네마틱 유니버스'가 어떤 형태로 확장되고, 또 어떻게 다른 이야기로 연결되어 나갈지 기대하게 만든 <폭군>이 괜히 고맙다.

거부된 소리,
외면 당한 피해자들

<아무도 없는 숲속에서>

<아무도 없는 숲속에서>가
우리에게
쿵 던지는 질문

넷플릭스 8부작 시리즈 <아무도 없는 숲속에서>
The Frog | 2024.08.23

"아무도 없는 숲속에서 커다란 나무가 쓰러졌다. '쿵' 소리가 났겠는가? 안 났겠는가?"

넷플릭스 시리즈 <아무도 없는 숲속에서>는 수수께끼와도 같은 내레이션을 여러 인물의 목소리로 들려준다. 이러한 내레이션이 반복되는 동안, 시청자들은 제작진이 의도한 본질적 질문에 점차 다가선다. 보지 못하고 듣지 못한 것은 과연 존재하지 않는 것인가? 그렇다면 우리가 외면한 비극은 애초에 존재하지 않는가? 영국의 철학자 조지 버클리(George Berkeley)의 철학적 명제, '존재하는 것은 지각되는 것이다'가 작품 밑바탕에 진득하게 내려앉는다.

<아무도 없는 숲속에서>의 영어 제목은 'The Frog(개구리)'이다. 이는 작품 속 인물들이 겪는 비극적인 운명을 은유한다. 윤계상과 김윤석이 연기한 두 남자 구상준과 전영하, 그들은 모두 '무심코 던진 돌에 맞은 개구리' 같은 존재다. 구상준(윤계상)은 자신의 모텔에 연쇄 살인마 지향철(홍기준)의 정체를 모른 채로 손님으로 받았고, 그 결과는 참혹했다. 모텔은 살인 사건의 현장이 됐고, 그가 쌓아올린 모든 것은

삽시간에 무너져 내렸다. 손님은 뚝 끊기고, 아들은 학교에서 집단 괴롭힘을 당했으며, 아내는 결국 극단적 선택을 했다. 구상준이 할 수 있는 일은 끊임없이 자책하며 과거의 시간 속에 스스로를 가두는 일 정도다.

전영하(김윤석)가 맞닥뜨린 상황도 크게 다르지 않다. 그가 운영하는 숲속의 펜션에 찾아온 의문의 손님 유성아(고민시)가 데려온 아이를 살해한 듯한 단서들을 남기고 사라졌다. 하지만 전영하는 고민 끝에 그것을 조용히 덮기로 결심한다. 아무도 듣지 못하고 보지 못한 일은, 없는 일이 될 것이라는 나름의 판단이었다. 앞서 구상준의 삶을 지켜보던 시청자는 그의 선택을 쉽게 비난할 수 없었다. 물론 이러한 결정은 이후 더 큰 비극과 혼란으로 되돌아와 격렬하게 요동친다.

2001년과 2021년, 두 시점은 시청자들에게 하나의 서사로 착각될 만큼 밀접하게 연결되어 있다. 이는 단순히 혼란을 주기 위한 연출이 아닌, 다분히 의도적 행위다. 이런 시간적 모호함은 '보이지 않는 것', '들리지 않는 것'에 대한 경각심을 일깨우기 위한 일종의 장치인 셈이다. 우리가 놓치고 있는 것들이 비록 시점은 다르지만, 결국 같은 이야기로 무수히 반복되고 있음을 상기시키기 위함이다.

우리 사회에는 돌에 맞은 개구리가 무수하다. 그리고 그들의 고통과 고난은 종종 의도적으로 혹은 자연스레 외면받는다. 여느 범죄·스릴러 작품들이 가해자와 피해자를 뚜렷하게 나누는 이분법적 문법을 차용한다면, <아무도 없는 숲속에서>는 이 경계를 교묘하고 모호하게 흐트러뜨린다. 그리고 표면에 도드라지지 않던 또 다른 피해자에게로 우리의 시야를 전환시킨다. 모완일 감독은 "살면서 곤란한 일을 당하는 사람들에게는 뭔가 원인이 있을 것이라고 착각할 수도 있지만, 이 작품은 실제로 힘든 상황에 처한 사람들에게 귀책 사유 같은 게 있다고 생각하는 작품이 아니다"라고 강조했다. 우리 주변의 평범한 누구라도 언제든 돌에 맞은 개구리가 될 수 있다는 지적이다.

끔찍한 비극은 아름다운 미장센에 담기며 이질감을 부여한다. 화면에 깔리는 과장된 사운드, 결코 친절하다고 할 수 없는 교차 편집이 시대를 오간다. 해소되지 않은 찝찝함, 사적 복수와 비극의 순환이 짐짓 불규칙한 형태로 한데 뒤엉킨다. 서로에게 보내는 구조신호 같은 내레이션만 숲속 메아리처럼 울려퍼진다.

<아무도 없는 숲속에서>는 우리가 얼마나 쉽게 사회적·윤리적 책임을 외면할 수 있는지를 여실히 보여준다. 자신의 일상에서 외면했던 수많은 비극과 고통을 다시 마주한 이들은, 무심코 넘긴 일들이 더 큰 비극으로 돌아오는 것을 목도하면서 어떤 선택이 옳은지를 되묻는다. 인간의 무관심이 어떻게 더 큰 비극을 초래할 수 있는지도 함께.

영국의 철학자 에드먼드 버크(Edmund Burke)는 "악이 승리하는 유일한 조건은 선한 사람이 아무것도 하지 않는 것"이라고 하지 않았던가? 우리가 아무것도 하지 않기로 결심하고 외면한 순간, 세상은 무수히 많은 '쿵' 소리로 빼곡하게 들어찰 것이다. 이는 우리의 무관심이 얼마나 많은 비극을 양산하고 있는지, 냉정하게 직시할 필요가 있다는 것에 대한 경고다. <아무도 없는 숲속에서>는 이런 방관과 무관

K-콘텐츠의 맥락

심의 결과가 얼마나 참혹할 수 있는지를 우리에게 되새기게 하며, 우리가 외면했던 소리 없는 비극들이 결코 사라지지 않는다는 사실을 일깨워준다.

참혹한 리얼리티,
그저 드라마 속 세상일까

<더 에이트 쇼>

<설국열차>, <더 플랫폼>, 그리고 <더 에이트 쇼>가 말하는 계급 사회

넷플릭스 8부작 시리즈 <더 에이트 쇼>
The 8 Show | 2024.05.17

"한 달에 쥐꼬리만한 월급? 그거 모아서 서울에서 집 한 채라도 살 수 있냐?" 가난한 30대 배진수(류준열)에게 솔깃한 말로 투자를 종용했던 선배는 투자금을 들고 잠적했다. 10년을 다닌 출판사 퇴직금을 다 날리고 사채빚까지 끌어안게 된 배진수는 아르바이트를 전전하다 끝내 한강 투신을 결심한다. 그 순간 어디선가 도착한 의문의 메시지. '당신이 포기한 당신의 시간을 사겠습니다.' 배진수는 그렇게 <더 에이트 쇼>(The 8 Show)에 참여하고, '4층'에 머무르며 '4층'으로 불린다. 8명의 인물이 8층으로 나뉜 공간에서 벌이는 '쇼'의 시작이다.

넷플릭스 시리즈 <더 에이트 쇼>의 초반 설정은 넷플릭스의 글로벌 히트작 <오징어 게임>의 그것을 연상하게 한다. 궁지에 몰린 한 사람이 자신의 의지로 참가한 의문의 게임(쇼)이라는 점, 또한 궁극적으로 '큰 돈'을 벌고자 스스로 위험을 감내한다는 요소가 그렇다. 다만 <오징어 게임>이 456명 참가자가 경쟁해 456억 원의 상금을 우승자가 가져가는 서바이벌 데스게임인 것과 달리, <더 에이트 쇼>는 정해진 룰 안에서 시간만 착실히 잘 쌓으면 돈이 축적되는 구조다. 위험도나 강제성도 상대적으로 낮고, 모두가 함께 돈을 벌어 '쇼'를 종료할 수 있다는 면에서 지극히 평화적이고 희망적이다. 아니, 그럴 수도 있는 쇼였다. 인간의 욕망과 이기심만 없었다면.

신이 모든 인간에게 공평하게 허락한 단 한 가지는 '시간'이다. 참가자들은 동일한 유니폼을 입고, 정해진 규칙대로 생활한다. 그 과정에서 흐르는 시간에 비례해 고액의 상금이 자동으로 축적되는 구조이니 <더 에이트 쇼>는 언뜻 지상낙원처럼 보여진다. 하지만 이런 환상은 삽시간에 무너진다. 각 층마다 주어진 방의 크기가 상이하고, 층마다 축적되는 돈의 차이가 있다는 것을 서로 인지하게 된 순간이다. '1층'(배성우)이 분당 1만원이 쌓이면 '8층'(천우희)은 분당 34만원이 쌓였고, 1층이 하루 1,440만원을 벌면 8층은 4억 8,960만원을 벌었다. 공평한 시간이 흘러가지만, 공평하지 않은 돈이 누적된다. 이토록 불공평하고 불합리한 모습은 모두에게 익숙하다. <더 에이트 쇼>는 '사회의 축소판' 그 자체다.

나보다 넓은 공간에 살고 내 몇 배의 돈을 축적하는 타인의 존재를 의식한 순간, 인간의 불행은 스멀스멀 싹튼다. 사회에서 자력으로 아무리 노력해도 벌 수 없었던 큰 돈을 벌고 있음에도 불구하고, 타인과의 비교는 마음을 급속도로 옭아매고 갉아먹는다. <더 에이트 쇼>가 원작으로 삼은 웹툰 '머니게임'과 '파이게임'의 핵심은 '인간은 비교하기 때문에 불행하다'라는 사실이었다. <더 에이트 쇼>를 연출한 한재림 감독 역시 "남보다 더 잘 살려고 하는 인간의 욕망 때문에 자본주의가 돌아가고, 계급의 격차가 발생한다고 생각했다"라고 밝혔다. 비교가 빚어낸 욕망의 발로다.

도시락과 물이 최고층인 8층에서부터 아래층으로 분배 가능하다는 사실은 동등한 것이라 여겼던 모두를 단박에 피라미드 계층 구조로 소환시킨다. 저층은 최소한의 생존을 위해 고층의 눈치를 살피게 되고, 불가피하게 노동력까지 착취당한다. 힘들고 더럽고 위험한 일은 더 저층민의 몫으로 떠넘겨진다. 강제하지 않아도 물 흐르듯 자연스럽게.

1~8층의 수직 구조로 형상화된 계층 구조는, 봉준호 감독의 영화 <설국열차>(2013)를 떠올리게 만든다. 빈민굴 같

은 맨 뒤쪽의 꼬리칸, 그리고 호화로운 생활을 즐기는 앞쪽 칸으로 상징되는 계급 구조는 <더 에이트 쇼>의 그것과 포개진다. 꼬리칸이 앞쪽칸을 갈구하는 것과 마찬가지로 1층은 8층으로 오르길 욕망한다. 의지와 무관하게 태어날 때부터 시작점이 다른 삶, 그리고 그것을 벗어나는 행위는 생각처럼 녹록지 않다. 실제 사회도 마찬가지다.

음식을 위에서 아래로 내려보내는 시스템은 스페인 영화 <더 플랫폼>(2019) 속 수직 감옥 형태와 유사하다. 고층의 사람이 어떻게 마음 먹느냐에 따라 저층은 함께 끼니를 해결할 수도, 당장 오늘의 생명을 위협받을 수도 있다. 저층민의 생존이 고층민의 의지에 달린 셈인데, 이 과정에서 언제나 먼저 발현되는 것은 인간의 이기심과 턱없이 결여된 인간성이었다. <더 플랫폼>과 <더 에이트 쇼>는 사회의 양극화와 수직적 계층 사회를 여러 메타포로 화면에 노골적으로 옮겨놓았다.

<더 에이트 쇼>에는 다양한 인물이 등장한다. 벼랑 끝에 몰린 '3층' 역 류준열, 자유로운 영혼 '8층' 역 천우희, 브레인

'7층' 역 박정민, 기회주의자 '4층' 역 이열음, 말보다 주먹이 앞서는 '6층' 역 박해준, 불의를 참지 못하는 '2층' 역 이주영, 평화주의자 '5층' 역 문정희, 묵묵히 자신의 몫을 찾는 '1층' 역 배성우까지. 시청자는 흡사 롤플레잉 게임에 임하는 것처럼 누군가에 몰입해 작품에 쉬이 빠져들 수 있다.

　　화면 비율과 질감의 변화를 통해 '쇼'와 현실을 정확하게 구분짓던 작품은 점점 진짜와 가짜, 쇼와 현실의 경계를 모호하게 만든다. 이는 점점 우리에게도 짙은 혼란을 부여한다. 서스펜스와 스릴러가 진득하게 들러붙은 이 참혹한 <더 에이트 쇼>가 과연 TV 속의 세상인가, 아니면 지금 우리가 사는 이곳 현실의 풍경 그 자체인가. 우리가 사는 세상은 과연 평등한가, 아니면 보이지 않는 계급에 갇혀 이동조차 제한된 폐쇄적인 계층 사회인가.

요리판 계급제의 역전 서사

<흑백요리사: 요리 계급 전쟁>

"익힘 정도 이븐하게"…
맛의 공정성을
논하다

넷플릭스 12부작 서바이벌 <흑백요리사: 요리 계급 전쟁>
Culinary Class Wars | 2024.09.17~2024.10.08

세상이 온통 <흑백요리사: 요리 계급 전쟁>에 대한 이야기다. 넷플릭스의 첫 번째 요리 서바이벌인 이 프로그램은 공개 이후 2주 연속 넷플릭스 글로벌 비영어 TV 부문 1위를 기록했는데, 이러한 수치를 딱히 언급하지 않더라도 그 화제성은 이미 누구나 피부로 쉽게 체감할 수 있을 정도였다.

100명의 셰프가 요리 대결을 펼친다는 점에서 앞서 100명의 참가자가 최강 피지컬을 놓고 겨뤘던 <피지컬: 100>을 떠올리게도 하지만, '흑수저'와 '백수저'로 참가자 계급을 구분한 점은 확연한 차이점이라고 할 수 있다. 각각 재야의 고수와 스타 셰프로 상징되는 두 계급은, 실제 사회의 '흙수저'와 '금수저'를 연상시킨다는 점에서 흥미를 유발시킨다.

이는 여태까지의 서바이벌 프로그램들이 모두에게 평등한 출발선을 설정하고 동등한 경쟁을 억지스럽게 강조했던 것과 상반된다. 출발선부터 명확한 계급 구도를 도입한 <흑백요리사: 요리 계급 전쟁>(이하 '흑백요리사')은 그래서 더 현실적이고 직설적이다. '흑수저'로 대표되는 무명의 셰프들과 '백수저'로 상징되는 스타 셰프들의 대결 구도는 현대 사회에 존재하는 실질적 불평등을 화면으로 고스란히 옮겨놓은 듯한 모양새다.

그러니 참가자들이 '오직 맛'으로 승부하는 경연을 펼치는 동안, 시청자들은 단순한 요리 대결을 넘어 현대 사회에 만연한 불평등과 그로 인해 더욱 절실해지는 공정성의 필요성을 상기하게 된다. 다른 출발선에서 시작한 이들이, 오롯이 실력으로 태생적 계급을 뛰어넘을 수 있는 기회를 제공한다는 점에서 '흑백요리사'의 몰입도는 자연스레 증가한다. 특히 '흑수저' 셰프가 '백수저' 셰프를 이겨내고 새로운 스타로 부상하는 언더독 서사에 시청자는 열광한다. 요리 대결로 시작한 서바이벌이 결국 사회적 통념을 뛰어넘은 역전 서사로 완성된 셈이다.

심사를 맡은 백종원과 안성재의 존재는 프로그램 정체성을 더욱 단단하게 만든다. 대중의 입맛과 외식 문화를 아우르는 심사 기준을 제시하는 백종원, 요리의 기술적 완성도와 섬세함을 되짚는 안성재는 각자의 합의점을 도출해 참가자 음식을 평가한다. 흥미로운 대목은 2라운드에서 심사위원들이 눈을 가린 채 오직 맛과 향만으로 평가한 장면이다. 이러한 장치는 누가 요리를 만들었는지에 대한 편견을 배제하고, 오직 요리의 본질에 집중하게 만들었다는 점에서 주목받았다.

물론 <흑백요리사>가 이토록 화제가 된 것은 공정성의 영역을 넘어 경험적 확장성에 있다. 출연 세프들이 실제 운영하는 식당을 방문해 방송에서 선보였던 요리를 맛보는 행위는 '흑백요리사'를 단순히 보는 것에 머무르지 않고 직접 참여할 수 있는 콘텐츠로 영역을 확장시킨다.

이러한 경험적 확장성은 SNS를 통해 보다 파급력을 넓힌다. 심사위원인 백종원 역시 자신의 유튜브 채널에 심사위원이었던 안성재 세프를 비롯해 참가자였던 여경래 세프, 최현석 세프 등을 초대해 뒷이야기를 나누며 프로그램 밖에서도 독자적인 서사와 화제를 만들어냈다.

참가자들 역시 다양한 채널에서 프로그램 속 대결을 복기하거나, 또 다른 셀럽들과 함께 하는 방식으로 <흑백요리

사>의 스핀오프들을 끊임없이 생성했다. 이는 결과적으로 하나의 거대한 콘텐츠 생태계를 형성해 프로그램의 생명력을 지속적으로 유지하고 확장시키는 작용을 했다.

<흑백요리사>의 여러 인상적인 요소들은 공전의 글로벌 히트작 <오징어 게임>과 비견되기도 했다. 대규모 세트장에서 펼치는 치열한 생존 서바이벌, 수직 관계로 시각화된 계급의 구도, 닉네임 혹은 참가번호로 이름을 대체하고, '밈'을 유발하는 인상적 장면들이 공통점으로 꼽혔다. 그러나 픽션인 <오징어 게임>이 생존 경쟁 속에서 인간의 본성을 부각시켰다면, 리얼인 <흑백요리사>는 실력과 노력으로 계급을 넘는 역전의 가능성을 제시하며, 더 희망적인 공정성을 탐구하는 것으로 갈음됐다.

결국 <흑백요리사>는 단순한 요리 서바이벌에 머무르지 않고, 현대 사회에 만연한 계급과 불평등에 대한 질문을 던지며, 시청자로 하여금 더 깊이 있는 메시지와 역설적인 공정성을 경험하게 이끈다. 넷플릭스의 또 다른 K-콘텐츠 성공 사례로 자리 잡은 <흑백요리사>는 요리라는 매개체를 통

해 계급을 넘고, 현실을 경험하게 하며, 글로벌 콘텐츠로서의 확장성을 증명했다. 작금의 K-서바이벌은 이제 단순한 '서바이벌'을 넘어서, 현실과 가상의 경계에서 공정성과 계급을 논하는 장으로 진화하고 있다.

법적 정의와 사회적 분노의
치명적인 간극

<노 웨이 아웃>

판결된 형량을 채우면
죗값을 다 치렀다고
할 수 있을까?

U+모바일tv 8부작 시리즈 <노 웨이 아웃: 더 룰렛>
No Way Out : The Roulette | 2024.07.31~2024.08.21

출소한 희대의 흉악범에게 200억 원의 현상금이 걸리자, 많은 사람들이 그를 죽이기 위해 분주하게 움직인다. 디즈니+ 시리즈 <노 웨이 아웃: 더 룰렛>은 '대국민 공개 살인 청부'에 다양한 형태로 반응하는 이들의 이야기를 흥미롭게 담아낸다.

범죄자에게 거액의 현상금을 건다는 흥미로운 설정은 미이케 다카시 감독에 의해 영화로도 만들어진 키우치 카즈히로의 소설『짚의 방패』(藁の楯)에도 등장한 바 있다.『짚의 방패』에서는 천문학적 현상금이 걸린 범죄자를 보호해야 하는 입장에 처한 경찰의 딜레마가 다뤄졌는데, 이는 <노 웨이 아웃> 백중식(조진웅) 형사와 포개진다. 막대한 빚까지 있는 백중식은 가족의 행복을 보장할 현상금의 유혹에 흔들리며, 법적 정의와 개인적 이익 사이에서 갈등한다.

다만『짚의 방패』에서는 법의 심판을 기다리고 있는 흉악범이 타깃이라면, <노 웨이 아웃>은 법적 형량을 모두 채우고 출소한 김국호(유재명)를 그 대상으로 한다. 이는 법적 정의가 사회적 정의와 얼마나 일치하는 지에 대한 질문으로 연결된다. '법이 규정한 처벌과 형량은 과연 사회 구성원들의 도덕적 잣대를 충분히 충족시켰는가' 하는 물음이다. 법의 형량을 채우고 출소한 범죄자는 죗값을 다 치렀다고 할 수 있을까? 그는 이제 본래의 삶으로 돌아갈 정당한 권리가 생긴 것일까? 어쩌면 누군가는 이렇게 답할 것이다. 법적 처벌은 종료됐지만, 죗값은 아직 다 끝나지 않았다고.

법적 정의가 실현됐음에도 불구하고, 우리는 왜 여전히 그를 용서할 수 없을까? 이러한 질문은 단순히 드라마적 설정을 넘어서 법적 정의와 사회적 정의의 간극을 탐구하게 만든다. 우리 사회는 종종 이 좁힐 수 없는 간극에서 혼란을 겪고 있다. 작품 속에서 200억 원이라는 현상금은 이러한 딜레마를 극적으로 드러내는 역할을 수행한다. 현상금의 유혹은 인간의 도덕적 판단을 흐릿하게 만들고, 사회적 정의를 개인의 이익을 위해 왜곡하는 기제로 작동한다. 현상금이 어떻게 인간의 도덕성을 서서히 무너뜨리고, 군중 심리를 촉발하는지도 적나라하게 보여준다. 현상금으로 상징되는 물질적 유혹은 사회적 책임을 개인의 도덕적 판단에 맡기지 않고, 사적 복수를 정당화하는 도구로 변모시킨다.

이 과정에서 군중 심리는 중요한 역할을 한다. 집단 심리는 개인의 도덕적 책임을 희석시키고, 사적 복수를 정당화하는 강력한 힘으로 작용한다. 개인이 홀로 판단할 때는 주저하게 되는 도덕적 딜레마가, 집단 속에서는 무책임하게 실행될 수 있기 때문이다. <노 웨이 아웃>은 이러한 집단 심리가 사회적 정의를 어떻게 왜곡하는지를 생생히 묘사하며, 사적 복수의 위험성을 귀띔한다. 사적 복수는 최근 1~2년 동안 쏟아졌던 K-드라마의 주요한 소재이기도 했다. <더 글로리>, <모범택시>, <국민사형투표>, <비질란테>, <살인자ㅇ난감> 등의 작품들은 이러한 사적 복수를 다채롭게 활용해 빠른 공감을 이끌어냈다. 대중은 열광했다.

사적 복수와 공적 제재의 충돌은 무엇을 의미할까? 우리 사회는 법적 정의에 만족하지 못하고, 사적 복수를 통해 정의를 실현하려는 경향을 종종 내비친다. 이는 현대사회가 가진 복잡한 도덕적 딜레마다. <노 웨이 아웃>은 이러한 충돌이 초래하는 문제점을 통해, 법적 정의의 한계를 지적한다. 군중 심리가 촉발한 도덕적 해이와 물질만능주의는 현대 사회의 중요한 문제 중 하나로 꼽힌다. 돈은 인간의 도덕적 판단을 왜곡하고, 사회적 정의의 기준을 뒤흔드는 강력한 요소로 역할한다. <노 웨이 아웃>은 이러한 점을 부각시키며, 법적 정의의 한계를 꼬집으면서 이와 더불어 사적 복수의 위험성에 대해서도 경고한다.

<노 웨이 아웃>은 법과 도덕, 인간성과 정의 사이의 복잡한 경계를 탐구하는 작품이다. 법적 정의와 사회적 분노가 충돌하는 지점에서, 사적 복수가 공적 제재를 넘어서는 것이 과연 옳은가에 대한 질문을 끊임없이 내던진다. 그리고 마침내 해당 질문은 드라마 말미에 가서 모두가 뒤엉킨 혼란의 아주 깊숙한 곳에 처박히고 만다.

로마 제국의 황제이자 철학자였던 마르쿠스 아우렐리우스는 이렇게 말했다. '최고의 복수는 상처를 준 사람과 같은 사람이 되지 않는 것이다'(The best revenge is to be unlike him who performed the injury). 작금의 사회를 살아가는 우리들은 이 말에 무조건적으로 고개를 끄덕이며 동의할 수 있을까? 그렇다면, 우리가 믿는 진정한 정의란 무엇인가? <노 웨이 아웃>이 던지는 이 질문은 우리에게 인간

K- 콘텐츠의 맥락

성의 본질에 대해 다시 한번 깊이 성찰하게 만든다.

법은 언제나 인간을
공정하게 심판하는가

<유어 아너>

존경받는 판사가
자신의 자식을 위해
법을 저버린다면?

ENA 10부작 드라마 <유어 아너>
Your Honor | 2024.08.12~2024.09.10

아들의 살인을 은폐하는 판사, 아들의 살인범을 쫓는 범죄 조직 보스. 드라마 <유어 아너>는 서로 다른 위치에 서 있는 두 아버지의 부성(父性) 본능을 극단적으로 대치시킨다. 오점 하나 없는 판사 송판호(손현주)는 아들 손호영(김도훈)이 범죄 조직의 보스 김강헌(김명민)의 차남(신예찬)을 치여 죽인 순간, 자신의 정의와 신념을 배신하게 된다. 정의로운 판사로서의 삶을 살아왔던 그는 아들을 지키기 위해 사건을 은폐하기로 결정하며, 이 과정에서 가족을 지키려는 부성애와 법을 수호해야 하는 법조인의 의무가 정면으로 충돌한다.

<유어 아너>의 원작은 이스라엘 드라마 <Kvodo>로, 미국에서 <Your Honor>라는 제목으로 리메이크됐다. 원작 드라마는 긴장감 넘치는 스토리와 배우들의 호연으로 사랑받았는데, 한국판 역시 이를 잘 이어받은 분위기다. 손현주와 김명민의 연기는 훌륭했고, 흥미롭게 가공된 설정은 몰입을 유발했다. 시청자는 작품을 따라가다 보면 어느 순간 하나의 질문에 도달한다. 판사라는 직업적 역할이 과연 인간의 본능적 감정 앞에서도 그대로 유지될 수 있는가? 판사는 외부의 압력이나 개인적 관계에 영향을 받지 않는 완벽한 중립

을 유지하는 것이 가능한가? 이는 사법체제가 구축된 이후 줄곧 제기된 보편적이고 합리적인 의문이었다.

이러한 질문은 철학에서도 오래전부터 제기되어 왔다. 독일 철학자 칸트는 인간은 이성적이면서도 동시에 감성적이어서, 완벽한 윤리적 행동을 실천하는 것이 근본적으로 불가능하다고 보았다. 인간의 본성적 결함을 극복하기 위해 법과 정의가 존재해야 하지만, 인간의 감정과 이해관계 속에서 결국 흔들릴 수밖에 없는 법적 판단의 한계를 인정한 것이다.

고전 작품에서도 이러한 소재가 심심치 않게 등장한다. 찰스 디킨스의 소설『위대한 유산』속 재거스 판사는 법률 전문가로서 정의를 집행해야 하는 역할을 맡고 있지만, 동시에 자신의 개인적 이익과 권력을 유지하려는 모습을 내비친다. 그는 핍의 후견인이자 재판관으로 행동하면서, 자신의 권력을 이용해 특정 인물들에게 유리한 판결을 내리려 한다. 이러한 재거스의 행동은 법의 공정성에 대한 문제를 제기하며, 인간이 법을 집행하는 과정에서 겪는 필연적 한계를 드러냈다.

이러한 문제는 비단 드라마와 소설 속 이야기에서만 존재하는 것이 아니다. 미국의 '에단 카우치 사건'이 대표적 사례. 지난 2013년 당시 16세의 에단 카우치는 만취 상태로 음주운전을 하다 4명을 사망케 하고 7명을 크게 다치게 했는데, 그의 변호사는 '부자병'(Affluenza)이라는 용어를 사용해 그가 부유한 환경에서 자라 책임감을 배우지 못해 자신의 행동 결과를 이해하지 못했다고 주장했다. 이에 허드슨 보이드 판사는 에단 카우치에게 징역형 대신 10년의 보호처분과 재활 과정을 명령했고, 이 판결은 미국 전역에 큰 논란을 불러일으켰다. 동일한 판사가 2012년 음주운전 사망사고를 낸 17세 흑인 소년에게 징역 20년을 선고한 것과 비교되며, 사회적 지위와 인종 차별이 법적 판결에 영향을 미칠 가능성을 시사했다. 이러한 실제 사례들은 법의 공정성에 대한 의문을 더욱 부각시키며, 법을 집행하는 인간의 한계와 결함을 다시 한번 상기시켰다.

드라마 <유어 아너>는 이러한 의문을 극적으로 드러낸다. 송판호 판사는 아들의 죄를 은폐하는 선택을 통해 평생 지켜온 정의와 원칙을 뒤엎는다. 법을 지켜야 할 사람이 본능과 감정에 흔들릴 때, 우리는 그들에게 무엇을 기대할 수 있을까? 법을 집행하는 주체 역시 인간이기에 결함을 가질 수밖에 없다.

이러한 한계를 보완하기 위해 AI 판사에 대한 논의가 활발히 이루어지고 있다. AI는 인간처럼 감정이나 편견에 흔들리지 않고 객관적으로 판단할 수 있으며, 재판 속도를 높여 재판 지연 문제를 해결할 수 있는 잠재력을 지닌다. 이미 에스토니아에서는 소액 민사재판에 AI 판사를 시범적으로 도입했고, 미국 일부 지역에서도 AI '보조 판사'가 초벌 판결을 제안하는 등 실험이 시작된 상황이다.

그러나 인간 판사가 지닌 경험과 직관, 인간적인 이해와 감정이 배제된 법 해석은 과연 진정한 정의일까? 법은 단순한 규칙의 집합이 아니라, 인간의 복잡한 감정과 도덕적 판단, 사회적 맥락이 깊이 스며들어야 하는 영역이다. AI는 객관성을 제공할 수 있지만, 그 자체로는 인간 사회의 복잡성을 완벽히 이해하거나 반영하기 어렵다. 이러한 이유로, 'AI 판사'는 아직까지는 인간 판사를 보조하는 역할에 머물러야

한다는 의견이 우세하다.

   인공지능이 인간 판사의 역할을 완전히 대체할 수 있을
지에 대한 질문은, 법 집행이 더 공정한 세상을 만들 수 있는
지에 대한 질문과 필연적으로 맞닿는다. 우리 사회가 진정으
로 원하는 것은 완전무결한 공정성인가, 아니면 인간적인 이
해와 감정이 반영된 정의인가? <유어 아너>가 던진 질문은
우리가 법과 정의, 그리고 인간의 한계에 대해 더 깊이 고민
하게 만든다.

공적 제재의 가면을 쓴
초자연적 심판

<지옥에서 온 판사>

탈윤리적 심판자의 탄생:
K-콘텐츠 속
정의 구현의 진화

SBS 14부작 드라마 <지옥에서 온 판사>
The Judge from Hell | 2024.09.21~2024.11.02

판사가 '직접' 범죄자를 처단한다. 게다가 그 판사는 인간이 아닌, 지옥에서 온 악마다. 드라마 <지옥에서 온 판사>는 살해된 판사 강빛나(박신혜)의 몸에 빙의한 악마 심판관 유스티티아(오나라)가 살인자들을 응징하며 지옥으로 보내는 이야기를 담고 있다. 인간의 법이 죗값을 제대로 받아내지 못하는 악질 범죄자들을 초자연적 심판자가 처리한다는 설정이다. 이를 단순 판타지 장르로만 가둘 수 없는 이유는, 현실 법정에서 벌어지는 판결에 대한 대중의 불신이 팽배해진 사회적 배경과 정확히 맞물리기 때문이다.

법망을 교묘하게 빠져나가거나, 상대적으로 가벼운 형량으로 풀려나는 범죄자들이 수두룩하다. 사법권에 대한 대중의 불신은 이러한 사례들과 함께 꾸준히 증가하고 있다. 어디에도 얽매이지 않고 통쾌하게 정의를 실현할 강력한 제재에 대한 대중의 갈망은 더욱 커져가고 있다. 이러한 분위기 속에서 '악마가 범죄자를 응징한다'는 다소 비현실적인 설정에도 시청자들은 오히려 환호를 보낸다. 이 현상은 그동안 K-콘텐츠가 축적해온 일련의 흐름 속에서 부여된 정당성과도 맞닿아 있다.

먼저, 2021년 방영된 드라마 <악마판사>를 언급할 필요가 있다. 당시, 기존 사법 체계에 대한 대중의 신뢰가 흔들리던 상황에서 <악마판사>는 디스토피아적 세계관을 통해 공적 제재의 변형을 시도했다. 강요한(지성) 판사는 국민이 직접 재판에 참여하는 시스템을 통해 통쾌한 '사이다' 정의를 실현했다. 비록 가상의 배경을 차용했지만, 공권력으로 범죄자를 '제대로' 심판하는 모습을 그려냈다.

그럼에도 불구하고, 현실의 법은 여전히 대중을 만족시키지 못하고 있다. 더욱이 '법은 인간을 공정하게 심판할 수 없다'는 인식이 퍼지며, <더 글로리>, <모범택시>, <국민사형투표>, <노 웨이 아웃: 더 룰렛> 같은 사적 제재물이 쏟아졌다. 사적 복수가 선사하는 통쾌한 정의 실현은 대중에게 강렬한 카타르시스를 안겼다. 법률에서 명기한 '자력구제 금지의 원칙'에 어긋나는 위법적 행태라는 점은 크게 문제삼지 않았다. 그러나 인간이 인간을 직접 심판하는 것이 과연 옳은가에 대한 윤리적 딜레마가 떠오르기 시작했다. 이는 '사적 제재는 진정한 정의인가'라는 의문으로 이어졌다.

이러한 고민들은 작품 속에서도 점차 드러났다. <비질란 테>는 주말마다 범죄자를 심판하는 경찰대 학생 김지용(남 주혁)과 이를 막으려는 서울경찰청 광역수사대 팀장 조헌 (유지태)의 신념이 충돌하는 모습을 그렸다. <살인자○난감> 은 정의를 실현하기 위해 살인까지 감행하는 전직 형사 송촌 (이희준)의 이야기를 통해 사적 제재의 위험성과 한계를 부 각시켰다.

이러한 윤리적 딜레마를 완화하는 장치로 <지옥에서 온 판사>는 '회빙환'(회귀·빙의·환생)을 차용했다. 이미 여러 작 품을 통해 안방극장에서 '회빙환'이 익숙한 소재가 되었던 점 도 큰 역할을 했다. 덕분에 '판사의 몸에 악마가 빙의됐다'는 설정도 자연스럽게 받아들여졌고, 인간이 아닌 악마의 심판 이기 때문에 '사적 제재'의 윤리적 한계에서 벗어날 수 있었 다. <지옥에서 온 판사> 박진표 감독이 제작발표회에서 "사 적 복수가 아닌, 지옥의 법에 의한 처단"이라고 강조한 이유 도 바로 이 때문이다.

악마가 빙의된 판사는 더 이상 인간적인 고민을 할 필요가 없다. 그가 죄인을 처단하는 행위는 감정이나 윤리로부터 자유로운 초자연적 심판으로 정당화된다. 흥미로운 점은 악마가 빙의된 인물이 '판사'라는 직업을 갖고 있다는 사실이다. 이는 '공적 제재'의 탈을 쓴 '사적 제재'를 구조화하며, 법과 정의를 담당하는 판사가 직접 사적 제재를 행함으로써 '공적 제재'의 상징성을 무너뜨린다. 일본 애니메이션 <지옥소녀>나 만화『데스노트』처럼 초자연적 존재의 힘을 빌어 인간을 심판한다는 설정은 유사하지만, <지옥에서 온 판사>는 심판자의 직업이 '판사'라는 점에서 이 두 작품과 차별화된다.

결국 <지옥에서 온 판사>는 사적 제재에 대한 대중의 갈증과 그에 따른 윤리적 고민이 복합적으로 얽혀 탄생한 작품이다. 앞서 <악마판사>가 공적 제재의 변형을 시도했다면, <지옥에서 온 판사>는 초자연적 존재를 통한 탈(脫)윤리적 심판을 제시한다. 범죄자가 그에 걸맞은 처벌을 받는 것은 많은 이들이 바라는 세상일 것이다. 그러나 이 판타지를 벗어나 현실을 마주하면, 여전히 답답한 상황과 사건들로 가득차 있다는 사실을 깨닫게 된다.

K- 콘텐츠의 맥락

향후 K-콘텐츠는 이러한 고민에 어떤 답을 내놓게 될까? 공적 제재와 사적 제재 사이의 균형을 맞추는 작품이 등장할 수도 있고, 초자연적 심판을 뛰어넘는 새로운 정의 구현 방식을 통해 시청자의 갈증을 해소할지도 모른다. 한 가지 확실한 것은, 그동안 K-콘텐츠는 사회적 흐름과 톱니바퀴처럼 맞물려 진화를 거듭해왔으며, 앞으로도 그 과정 속에서 법과 정의에 대한 새로운 해석을 제시할 가능성이 크다는 점이다.

가족이라는 이름의 믿음이
흔들릴 때

<이토록 친밀한 배신자>

가족과 믿음의
시대적 재구성

MBC 10부작 드라마 <이토록 친밀한 배신자>
Doubt | 2024.10.11~2024.11.15

가족이란 무엇인가. 우리는 흔히 가족에 절대적인 믿음과 변치 않는 유대를 기대한다. 모두가 등을 돌려도 나를 끝까지 지켜줄 사람. 그러나 과연 그 믿음은 정말 절대적일까? MBC 드라마 <이토록 친밀한 배신자>는 우리가 너무도 당연하게 여겨왔던 가족이라는 견고한 울타리를 가차 없이 무너뜨린다. 피보다 진하다고 믿었던 관계가 가장 큰 배신을 가져올 수 있다는 현실을 통해, 절대적인 신뢰의 본질을 다시 묻는다.

철학자 니체는 "진실의 가장 큰 적은 거짓이 아닌 믿음"이라고 했다. 우리는 종종 진실을 외면하고, 믿고 싶은 대로 세상을 바라본다. 가족이라는 이름으로 덧씌운 우리의 믿음은 과연 어디까지가 진실이며 어디까지가 기대인가? <이토록 친밀한 배신자>는 우리가 가진 그 맹목적인 믿음이 얼마나 쉽게 진실을 가리고, 결국엔 가장 큰 상처로 되돌아올 수 있는지를 가차 없이 보여준다.

장태수(한석규)는 딸 하빈(채원빈)이 살인 사건의 주요 용의자일 수 있다는 단서를 마주한다. 태수는 딸의 과거, 즉

하빈이 어린 시절 동생의 죽음과 관련되어 있을 수 있다는 의혹을 마음 한구석에 품고 살아왔다. 그 의심이 다시 뒤엉키며, 태수는 프로파일러로서의 직업적 직감과 아버지로서의 본능 사이에서 극심한 갈등을 겪는다. 딸을 보호하고 싶은 마음과 진실을 밝혀야 한다는 책임감이 서로를 밀어내며 끝없이 충돌하고, 그 균열은 점점 더 깊어진다.

믿음에는 필연적으로 기대가 포함된다. 가족을 믿는다는 것은, 단순히 그들을 사랑한다는 것을 넘어 그들이 우리의 기대를 충족시켜줄 것이라는 무언의 약속을 담고 있다는 이야기다. 그렇기에 그 믿음이 깨질 때, 그 충격은 단순한 실망에 그치지 않고 배신으로 다가올 수 있다. <이토록 친밀한 배신자>에서 태수가 딸을 의심하면서도, 그 믿음을 포기하지 않으려 애쓰는 이유는 바로 여기에 있다. 그는 '내 딸이 그럴 리 없다'는 기대를 끊임없이 확인하려 하며, 그 과정에서 갈등과 고통을 반복한다.

하빈은 아버지의 신뢰가 의심으로 변질된 것을 감지하고, 이를 자신에게 유리하게 활용하기 위해 치밀하게 움직인다. 그 과정에서 하빈은 아버지의 의심을 역이용하며 상황을 자신의 통제 아래 두려는 시도를 한다. 드라마는 이러한 부녀의 심리적 긴장을 세밀하게 묘사하며, '피로 맺어진 관계'라는 이유만으로 믿음을 강제할 수 없다는 변화된 가족의 모습을 그린다.

태수가 딸을 의심하면서도 지키고자 하는 그 모순은, 사실 오늘날 많은 부모들이 느끼는 감정의 단면을 그대로 드러낸다. 부모는 자녀를 가장 잘 알고 이해한다고 믿지만, 때로는 그 믿음이 오히려 진실을 외면하게 만든다. 가족이라는 이유만으로 모든 것을 알 수 있다고 믿는 것은 위험한 착각이며, 오만이다. <이토록 친밀한 배신자>는 이러한 믿음과 오만이 관계를 무너뜨리는 과정을 적나라하게 보여준다.

드라마는 단순한 범죄 스릴러를 넘어, 가족이라는 관계를 통해 우리가 신뢰와 배신 사이에서 얼마나 치열하게 방황하고 있는지를 드러낸다. 서로에게 덧씌운 오해와 편견이 얼마나 흔한 일인지, 그리고 그 과정에서 서로에게 남긴 상처가 얼마나 깊은지를 처절하게 보여준다. 그 속에서 인간으로

서의 존엄성과 가족이라는 관계의 본질을 지키기 위해, 얼마나 필사적인 선택을 해야 하는지를 진지하게 탐구한다.

오늘날 가족의 개념은 변화하고 있다. 과거에는 혈연으로 맺어진 가족 관계가 무조건적인 신뢰와 지지를 상징했지만, 이제는 그러한 관계조차도 끊임없이 갱신되고 재확인되어야 한다. 가족이라는 이유로 절대적인 신뢰가 보장되지 않는 시대, 우리는 서로를 이해하고 다시 선택하지 않는다면 그 관계는 유지될 수 없다. 피로 맺어진 관계가 아닌, 매 순간 서로를 선택하고 신뢰하는 것이 가족을 이루는 새로운 방식인 셈이다. <이토록 친밀한 배신자>는 이 변화를 상징하며, 태수와 하빈의 부녀 이야기를 통해 현대 가족이 어떤 모습으로 변화해 가고 있는지를 보여준다.

피보다 진한 것은 결국 서로를 이해하고 다시금 선택하려는 의지다. 가족은 더 이상 피로 맺어진 운명 공동체가 아니다. 우리는 매 순간 서로를 선택하고 그 선택에 책임을 지는 존재로서 가족을 새롭게 정의해야 한다. <이토록 친밀한 배신자>는 우리에게 넌지시 묻는다. 우리는 정말로 우리 가족을 있는 그대로 이해하고 있는가? 그들이 보여주는 모든 것을 진심으로 받아들일 준비가 되어 있는가? 믿음의 무게와 그것이 불러올 상처를 감당할 때, 비로소 가족은 진정한 의미를 갖는다. 당신은 지금의 가족을 다시 선택할 준비가 되어 있는가?

잔혹함 속에서 피어난
가족의 초상

<가족계획>

전통적 가족의 붕괴와
새로운 관계의 탄생

쿠팡플레이 6부작 시리즈 <가족계획>
Family Matters | 2024.11.29~2024.12.27

<가족계획>이라는 제목이 주는 첫인상은 흔한 주말 가족극의 전형성이다. 그러나 이 작품은 그 익숙함을 과감히 깨부수며, 완전히 새로운 가족 서사를 제시한다. 피 한 방울 섞이지 않았음에도 혈연보다 강한 유대를 만들어가는 가족의 이야기. 쿠팡플레이 시리즈 <가족계획>은 잔혹함과 따뜻함이라는 양극단의 감정을 교차시키며, 현대 가족의 의미를 재정의한다. 기억을 조작하는 '브레인 해킹' 능력을 지닌 엄마 영수(배두나)를 중심으로, 전통적 가족의 틀을 넘어 선택과 연대로 구축되는 새로운 가족의 가능성을 섬세하면서도 대담하게 탐구한다.

음울하고 긴장감이 감도는 금수시를 메인 배경으로 하는 <가족계획>은 연쇄 살인마와 빌런 집단, 그리고 특교대라는 과거의 그림자가 복잡하게 얽혀 있다. 이 작품은 혈연이 아닌 결속과 이해로 만들어지는 가족의 가능성을 탐구하며, 가족의 본질을 현대적으로 재해석한다. 또한 느와르적 긴장감과 블랙 코미디의 아이러니가 결합해 기존 가족 서사의 틀을 넘어 독창적이고 도전적인 서사를 제시한다. 그야말로 OTT 시리즈이기에 가능한 과감한 시도.

이야기의 중심에는 타인의 기억을 조작하는 능력을 지닌 영수가 있다. '브레인 해킹'은 그녀가 특교대를 탈출한 뒤 가족을 보호하고 과거를 숨기는 데 활용되는 강력한 기술이다. 이 능력은 흔적을 남기지 않아 물리적 외상을 초래하지 않는다는 점에서 독창적이며, 기존 유사 작품 속 사적 제재와 달리 법적·윤리적 논란에서도 상대적으로 자유롭다. 하지만 이러한 기술은 단순한 도구를 넘어, 영수와 가족에게 심리적 부담과 도덕적 갈등이라는 무거운 대가를 요구한다. 이는 영수를 보호자이자 해결사로 부각시키는 동시에, 그녀의 능력이 불러오는 내적 갈등과 인간적 한계를 조명하는 서사의 중심축이 된다.

흥미로운 점은 영수가 이 강력한 능력을 가족 간의 관계 회복에는 전혀 사용하지 않는다는 것이다. 이는 그녀가 진심과 시간을 통해 관계를 되돌리려는 의지의 상징이다. 딸 지우가 여전히 마음의 문을 굳게 닫고 있음에도, 영수는 브레인 해킹이라는 손쉬운 선택을 거부하고, 진정성과 노력으로 관계를 회복하려는 부단한 노력을 기울인다. 그녀의 이러한 태도는 기술이 아닌 인간적인 접근을 통해 가족의 재결합을 이루려는 이야기에 깊이를 더한다.

이러한 영수의 가족 이야기는 특교대라는 과거 맥락을 통해 더 깊이 이해할 수 있다. 영수와 철희(류승범)와 함께 갓난아기였던 지훈과 지우가 자신들처럼 병기로 길러지지 않기를 바라며 그들을 데리고 특교대를 탈출했다. 때문에 그들에게 가족이란, 단순히 함께하는 이들이 아니라 타인을 위해 자신을 기꺼이 희생하려는 존재 그 자체다. 이런 과거는 현재 가족으로서의 끈끈함을 되새기게 하며, 위기 속에서도 서로를 지켜낼 수 있는 근간이 된다.

서먹했던 가족이 하나로 결집하게 된 계기는 예상치 못한 외부의 위기였다. 이 과정은 단순히 외부의 적을 물리치는 데 그치지 않고, 가족 내에 얽혀 있던 미묘한 감정들을 풀어내는 계기가 된다. 집요한 연쇄 살인마와 빌런 집단은 가족을 점점 극한 상황으로 몰아넣었고, 이 과정은 갈등과 두려움을 넘어 서로를 이해하고 지키기 위한 결속으로 이어졌다.

작품이 가장 빛나는 순간은 가족 간의 변화가 드러나는 섬세한 디테일에 있다. 늘 아침을 거르던 지우가 "후라이보다 계란말이가 더 좋다"라고 말하는 멋쩍은 고백이나, 화장실 거울 앞에서 '엄마'라는 단어를 조심스럽게 연습하는 모습은 가족이란 일상의 작은 순간들로 만들어진다는 사실을 상기시킨다. 이는 혈연 대신 이해와 노력이 가족의 기반이 될 수 있음을 보여준다.

작품에서 또 하나 주목할 점은 세대 간 배우들의 협업을 통해 가족 서사가 확장된다는 것이다. 부모 세대를 연기한 배두나와 류승범은 오랜 경력에서 우러나온 깊이를 더했고, 다음 세대인 지훈과 지우를 맡은 로몬과 이수현은 신예다운 에너지로 활기를 불어넣으며 조화를 이루었다. 두 세대의 연기 앙상블은 전통적 가족 서사를 현대적으로 재해석하며, 새로운 가족의 모습을 완성하는 데 기여한다.

<가족계획>은 블랙 코미디와 정의 구현 서사를 교묘히 결합하며, 가족이라는 본질적 주제를 정면으로 탐구한다. 이 작품은 OTT 콘텐츠에서 흔히 시도되는 자극적이거나 스타

일리시한 접근을 넘어, 선택적 가족이라는 현대적 개념을 깊이 있게 성찰한다. 현대 사회에서 혈연에 기반한 전통적 가족 구조가 서서히 해체되는 가운데, 선택적 가족은 단순한 대안을 넘어 새로운 사회적 의미를 지닌 개념으로 자리 잡고 있다. <가족계획>은 가족 구성원 간의 복잡한 갈등과 연대를 섬세하게 그려내며, 이 변화의 양상을 생생히 드러낸다. 작품은 단지 시대의 흐름을 반영하는 데 그치지 않고, 현대 가족의 다양한 가능성을 탐구하는 하나의 거울로 기능한다.

가족이란 무엇일까? 혈연에 기반한 전통적 관계가 아닌, 이해와 연대 속에서 스스로 만들어가는 가족의 가능성을 <가족계획>은 대담하게 탐구한다. 작품은 현대 사회에서 변화하고 있는 가족의 개념을 섬세히 조명하며, 선택과 연대를 통해 만들어진 새로운 가족의 모습을 그려낸다. 잔혹한 현실 속에서도 진정성과 따뜻함을 잃지 않는 이야기는, 단순한 드라마를 넘어 관객들에게 깊은 여운과 함께 '가족'에 대한 새로운 대안을 제시한다. 작품의 메시지는 선명하다. 가족은 주어진 것이 아니라 만들어가는 것이며, 그 과정에서 우리는 보다 더 인간다워질 수 있다.

현대사회의 결혼과 사랑

<트렁크>

진짜와 가짜,
결혼의 경계에서 찾는
사랑과 관계의 재정의

넷플릭스 8부작 시리즈 <트렁크>
The Trunk | 2024.11.29

"한 100살쯤 산다 치고, 나랑만 사는 거 지겨울 것 같지 않아?" 넷플릭스 시리즈 <트렁크>에서 서도하(이기우)의 대사는 결혼 제도의 본질을 정면으로 겨냥한다. 수명이 길어지고 개인주의가 확산된 오늘날, 결혼은 더 이상 필수가 아니다. 비혼이 하나의 사회적 흐름으로 자리 잡은 지금, 평생 한 사람과의 관계를 유지하는 것은 가능한 일일까? <트렁크>는 이러한 질문을 통해 현대인의 관계와 소통 방식을 새롭게 상상하며, 결혼의 의미를 재구성한다.

작품 속 NM(New Marriage)은 1년간의 기간제 결혼 서비스를 제공하는 매칭 업체다. NM의 서비스는 결혼을 감정의 영역이 아닌 필요와 기능으로 치환하며, 관계를 효율적으로 관리하려는 현대사회의 흐름을 반영한다. 이는 단순히 허황된 SF적 상상이 아니다. 소비자 데이터를 기반으로 맞춤형 광고를 제공받고, 알고리즘에 따라 취향을 추천받는 지금의 현실과 맞닿아 있다. 그렇다면 인간관계, 심지어 결혼마저도 데이터화하고 최적화하려는 시도는 정말 불가능한 상상일까? NM의 서비스는 바로 이 가능성을 시험하며 현대사회의 욕망과 두려움을 비추는 거울이 된다.

NM의 서비스는 관계의 복잡성을 단순화하고 효율성을 극대화하려는 시도를 보여준다. "사랑조차도 관리될 수 있다면, 우리는 어떤 세상을 살게 될까?"라는 질문은 단순히 흥미로운 상상에 머물지 않는다. 작품은 사랑과 결혼의 본질이 효율과 편리함으로 치환될 때, 그것이 진정한 행복으로 이어질 수 있는지에 대한 딜레마를 날카롭게 제기한다.

하지만 NM의 서비스가 제시하는 효율성과 편리함은 결혼의 본질과 부딪히는 순간, 한계를 드러낸다. 결혼은 데이터와 매뉴얼로 관리할 수 있는 대상이 아니다. 사랑과 관계는 예측할 수 없는 감정의 피어나며, 이는 어떤 시스템도 완전히 통제할 수 없는 영역에 존재하기 때문이다.

작품 속 주인공 노인지(서현진)는 NM사의 차장으로, 다섯 번째 남편으로 음악 프로듀서 한정원(공유)을 맞이한다. 결혼이라는 제도에 염증을 느끼면서도 아이러니하게 이를 직업으로 삼은 노인지는 계약의 조건에 충실하며 감정을 배제하려 한다. 반면, 한정원은 전 아내 이서연(정윤하)의 요구로 마지못해 기간제 결혼을 시작한다. 어린 시절의 트라우마와 과거 실패에서 비롯된 불신은 그를 결혼이라는 관계에 더욱 냉소적이고 회의적인 인물로 만든다.

하지만 그들의 만남은 형식적 관계에서 예상치 못한 방향으로 흘러간다. 처음엔 무미건조했던 관계 속에서 한정원은 노인지와 함께하며 조금씩 내면의 평화를 느끼고, 노인지는 그의 일상에 따뜻함을 불어넣는다. 이 과정에서 노인지는 자신이 억눌렀던 감정과 결핍을 마주하게 되고, 한정원 역시 자신이 진정으로 원하는 관계의 의미를 되새기게 된다. 악몽과 불면증에 시달리던 한정원이 노인지와의 일상 속에서 처음으로 안정을 찾는 장면은 결혼이라는 제도가 단순한 계약 이상의 감정적 연대를 필요로 함을 강렬하게 암시한다.

<트렁크>는 단순히 결혼의 형태를 논하지 않는다. 작품 속 인물들은 각자의 결핍과 상처를 안고 있으며, 관계를 통해 이를 채우려 한다. 노인지와 한정원이 서로를 통해 변화하는 모습은 결혼이 단순한 계약이 아닌 감정적 연결임을 보여준다. 반면, 이서연(정윤하)과 윤지오(조이건)의 관계는 계약으로 해결할 수 없는 인간 내면의 복잡함을 드러낸다.

이서연은 전 남편인 한정원에 대한 집착과 소유욕에서 벗어나지 못하고, 윤지오는 그녀의 마음을 얻으려 애쓰지만 끝내 상처받는다. 이들의 갈등은 결혼이라는 관계가 제도로만 해결될 수 없음을 강조한다.

결국, <트렁크>는 결혼을 인간관계의 거울로 삼아 사랑과 구원의 본질을 탐구한다. 기간제 결혼이라는 설정은 결혼이 단순히 의무와 제도에 의해 지속되지 않음을 보여준다. NM의 매뉴얼은 관계의 외형적 문제를 해결하려 하지만, 그 안에서 발생하는 감정적 연결과 변화는 매뉴얼의 통제를 넘어선다.

호숫가에 떠오른 트렁크는 결혼이라는 제도가 품은 이상과 현실, 그리고 그 사이에서 우리가 외면해온 감정적 진실을 드러내는 역할을 한다. 마치 물속에 가라앉아 있던 트렁크가 표면 위로 떠오르며 숨겨진 진실을 드러내듯, 작품은 사랑과 결혼의 본질이 표면 아래 감춰져 있음을 암시한다. 한정원과 노인지의 관계가 계약의 경계를 넘어 변화하듯, 트렁크는 관계 속에서 마주해야 할 감정의 심연과 결혼의 본질에 대해 묻는다.

작품 후반부에 한정원이 노인지에게 넌지시 털어놓는 바람은 <트렁크>의 메시지를 집약한다. "(20년 후의) 우리는 너무 뻔해서 지긋지긋해요. 하루종일 붙어 있으면서 툴툴대다가 저녁으로 생선을 구워 먹고, 같이 곯아떨어지고, 그 다음날도 뻔하게 일어나요." 한정원이 꿈꾸는 결혼은 낭만적 사랑이 아니다. 그것은 지루하지만 익숙하고, 뻔하지만 안정적인 관계다. 뻔한 일상 속에서 함께 웃고 싸우고 화해하며 늙어가는 사람이야말로 진정한 사랑의 대상이라는 그의 깨달음은 결혼의 본질을 생각하게 만든다.

결혼은 단순히 개인의 외로움을 해소하거나 사회적 기대를 충족하기 위한 제도가 아니다. 가장 뻔하고 지루한 일상도 함께 살아갈 수 있는 사람, 바로 그런 사람을 만나는 것이 결혼의 본질이다. 뜨겁고 낭만적으로 시작한 결혼이 반복되는 평범한 일상으로 채워지는 것은 자연스러운 귀결이다. 하지만 그 평범함 속에서 피어나는 안정감과 따뜻함이야말로, 결혼이 품은 진정한 가치는 아닐까.

화려함과 어둠이
교차하는 삶의 은유

<강남 비-사이드>

선과 악의 경계에 선
인간들이 마주하는
선택의 무게

디즈니+ 8부작 시리즈 <강남 비-사이드>
Gangnam B-Side | 2024.11.06~2024.11.27

성공은 누구나 꿈꾸지만, 그 대가를 묻는 이는 드물다. 무엇을 희생해야 하고, 어떤 책임을 감수해야 하는가? 디즈니+ 시리즈 <강남 비-사이드>는 이 질문을 새로운 시각으로 던진다. 작품은 부와 권력의 상징인 '강남'을 단순한 배경으로 소비하지 않고, 선택과 책임, 그리고 인간 본성의 복잡성을 탐구하는 서사로 확장한다. 강남은 누군가에게는 생존의 무대, 누군가에게는 신념의 시험대, 또 다른 누군가에게는 야망을 실현하기 위한 사다리다. <강남 비-사이드>는 이 다층적인 인간 군상의 이야기를 통해 삶의 다양한 선택과 그 반작용을 날카롭게 조명한다.

강동우(조우진)는 이 서사의 중심에서 이야기를 이끌어 간다. 정의롭고 원칙을 중시하는 형사인 그는 동료 경찰의 비리를 묵과하지 않아 조직 내에서 고립된 채 지방으로 발령을 갔다가 다시 강남으로 복귀한다. 그가 맡은 연쇄 실종 사건은 강남의 화려한 겉모습 뒤에 숨겨진 부패와 범죄의 실체를 드러낸다. 동료들의 외면과 조직 내부의 저항 속에서도 그는 신념을 굽히지 않으며 사건을 추적한다. 이는 개인의 정의감이 조직과 사회의 부조리를 어떻게 드러내고, 사회 전반에 파장을 일으키는 중요한 변화의 단초가 될 수 있는지를 생생하게 보여준다.

윤길호(지창욱)는 강남의 가장 어두운 이면에서 홀로 생존해온 브로커다. 그는 분명한 범죄자이지만, 한편으로는 강남이라는 도시가 만들어낸 또 다른 피해자이자 생존자다. 살아남기 위해 윤리적 기준을 저버릴 수밖에 없었던 그의 삶은, 냉혹한 눈빛과 상처투성이의 얼굴로 함축된다. 강남의 밑바닥에서 살아남기 위해 선택한 방식은 사회적 규범을 벗어났지만, 그 선택 과정이 시청자들에게 복잡한 공감을 안긴다. 강동우와의 만남은 생존과 윤리의 경계에서 인간이 어떤 선택을 할 수 있는지, 그리고 그 선택이 사회와 어떻게 맞물려 돌아가는지를 묻는다.

승진을 위해 치열하게 움직이는 검사 민서진(하윤경)은 또 다른 윤리적 시험대에 선다. 그녀는 법적 정의와 개인적 야망 사이에서 아슬아슬한 줄타기를 하며, 권력의 본질과 인간 욕망의 복잡성을 탐구한다. 민서진의 선택은 성공이라는 목표가 개인의 삶과 사회 전체에 어떤 영향을 미치는지를 날카롭게 드러내며, 드라마의 서사를 한층 깊고 복합적으로 만든다.

이 모든 이야기를 하나로 묶는 핵심 인물은 재희(김형서)다. 클럽 에이스이자 실종 사건의 열쇠를 쥔 그녀는 단순한 피해자로 소비되지 않는다. 삶에 지친 그녀의 모습은 강남의 화려함 이면에 감춰진 인간의 고통과 절망을 상징하며, 각 인물들이 자신의 목표와 신념을 좇는 과정에서 충돌하게 만든다. 재희의 존재는 드라마의 긴장감을 한층 끌어올리며, 인간이 처한 윤리적 갈등과 생존의 아이러니를 처절하고 선명하게 드러낸다.

<강남 비-사이드>는 빠른 전개와 강렬한 액션으로 장르적 쾌감을 선사하지만, 그 속에 담긴 메시지는 한층 깊고 묵직하다. 부와 성공은 그 자체로는 선도 악도 아니다. 중요한 것은 이를 어떻게 사용하고, 그 과정에서 어떤 책임을 지느냐에 있다. 작품은 성공을 좇는 인간의 생존 본능, 정의와 신념이 충돌하는 순간을 다층적으로 그려내며, 현대 사회가 마주한 윤리적 균열과 구조적 불평등을 날카롭게 드러낸다.

강남이라는 공간은 이 모든 서사의 완벽한 은유다. 박누리 감독은 강남을 "단순한 지역이 아니라 현대 사회의 모순을 상징하는 거대한 은유"라고 정의했다. 화려함과 어둠이 공존하는 이곳은 단순한 배경에 그치지 않고, 인물들이 내면적 갈등과 사회적 압박을 마주하는 무대가 된다. 클럽, 뒷골목, 고급 아파트 등 강남의 다양한 공간은 각각의 서사와 밀접하게 연결되며, 인간 본성의 복잡함과 사회적 관계의 모순을 선명히 드러낸다.

<강남 비-사이드>는 각자의 선택과 책임이 어떻게 얽히며, 사회적 책임과 개인적 욕망이 어떤 방식으로 충돌하는지를 집요하게 탐구한다. 작품이 던지는 질문은 단순하다. "우리는 무엇을 위해 살고, 무엇을 위해 싸우는가?" 성공을 위해 무엇을 희생할 각오가 되어 있는지에 대한 질문은, 그 너머의 생존, 신념, 정의, 그리고 야망이 뒤엉킨 복잡한 갈등으로 확장된다. 작품은 이러한 갈등 속에서 인간의 선택과 그로 인한 결과를 조명한다.

결국, <강남 비-사이드>는 화려함 이면에 숨겨진 욕망과

선택의 본질을 직시하게 만든다. 강남이라는 공간은 우리가 추구하는 욕망과 선택이 응축된 은유적 장소로, 작품은 그 속에서 벌어지는 충돌과 갈등을 통해 현대 사회의 복잡한 단면을 드러낸다. 작품을 보고 나면, 도시의 밤을 물들이는 화려한 불빛은 더 이상 순수한 찬란함으로만 다가오지 않는다. 그것은 욕망의 잔해와 선택의 흔적이 뒤엉킨 궤적처럼 보이며, 동시에 우리가 살아가는 세계의 불편한 진실을 은근히 드러내는 한 줄기 신호처럼 느껴진다.

말하지 않으면 알 수 없다 _____

<지금 거신 전화는>

단절의 시대,
협박 전화로 시작된
소통의 회복

MBC 12부작 드라마 <지금 거신 전화는>
When the Phone Rings | 2024.11.22~2025.01.04

문자와 이모티콘으로 감정을 대신 표현하는 시대다. 우리는 손쉽게 말하지 않아도 된다. 단 몇 개의 이모티콘으로 기분을 전하고, 짧은 텍스트로 마음을 정리한다. 하지만 편리함 뒤에 가려진 것은 무엇일까? '콜 포비아(Call Phobia)'라는 용어가 더 이상 낯설지 않은 현실 속에서, 전화 한 통은 이제 반가움보다 부담스럽고 심지어 공포로 다가오기도 한다. 전화벨이 울릴 때마다 망설이고, 통화 버튼을 누르는 순간부터 긴장하는 우리. 디지털화된 소통 방식이 가져온 편리함은 때때로 관계의 본질을 흐리며, 심리적 거리감을 더욱 깊어지게 만들었다.

드라마 <지금 거신 전화는>은 이러한 단절의 시대를 배경으로, 전화라는 전통적 소통 매체를 통해 관계 회복의 이야기를 그려낸다. 협박 전화로 시작된 3년 차 쇼윈도 부부의 예상치 못한 변화는 로맨스와 스릴러가 절묘하게 교차하며, 단순한 사건을 넘어 감정과 관계의 재정의를 탐구한다. 전화 한 통이 사람 사이의 거리를 어떻게 좁힐 수 있는지를 보여주는 이 작품은, 우리가 잊고 있던 가장 원초적인 소통 방식에 대한 재고의 시간을 마련한다.

작품의 중심에는 최연소 대통령실 대변인 백사언(유연석)과 함묵증을 앓는 수어 통역사 홍희주(채수빈)가 있다. 대중의 사랑을 받는 정치 엘리트 백사언과 농인의 목소리를 대신 전하는 수어 통역사 홍희주. 이들은 타인의 소통을 완벽히 도와주는 전문가지만, 정작 서로의 진심을 주고받지 못한 채 살아간다. 정치적 이해관계로 맺어진 정략결혼이라는 배경 속에서, 두 사람의 결혼은 감정이 결여된 '쇼윈도 부부'라는 외형적 관계로 유지될 따름이다.

그러던 어느 날, 백사언에게 걸려온 협박 전화는 이들의 삶을 송두리째 뒤흔든다. 아내를 살해하겠는 위협에도 처음엔 무심한 태도를 보이던 백사언은 점차 상황의 심각성을 깨닫고 흔들리기 시작한다. 냉철한 협상가로도 잘 알려진 그는 협박범과의 대화 속에서 감정을 억누르지 못하고 당황과 분노를 표출한다. 이는 겉으로는 완벽하고 차가운 이미지 뒤에 감춰진 그의 내면을 드러내며, 아내에 대한 그의 감정이 결코 가볍지 않음을 시사하는 대목이다.

홍희주 또한 예상 범주를 벗어난다. 협박범의 휴대폰을

우연히 손에 쥐게 된 그녀는 목소리를 변조한 채 남편에게 전화를 걸어 협박범을 사칭한다. 이를 통해 남편의 감춰진 진심을 엿보는 동시에, 그간 억눌렀던 자신의 감정과도 마주한다. 협박범과의 통화라는 가장 극단적인 소통 방식이지만, 그 순간만큼은 오히려 가장 솔직한 대화가 오간다. 이러한 과정에서 두 사람은 서로를 새로운 시선으로 이해하기 시작하며, 감정의 변화를 경험한다.

<지금 거신 전화는>은 정략결혼이라는 익숙한 요소를 현대사회의 문제와 결합해 소통 부재를 이야기한다. 쇼윈도 부부라는 관계는 표면적으로 완벽해 보이지만, 그 내면에는 서로를 향한 목소리가 전혀 닿지 않는 고립감이 자리한다. 백사언은 철저히 관리된 이미지 속에서 살아가지만, 그 속에는 인간미 없는 공허함만 있다. 협박 전화라는 극적 사건은 그가 자신의 진심과 감정을 직면하게 하는 계기로 작용한다.

마찬가지로, 자신을 억눌러온 홍희주 역시 협박범의 가면을 쓰고 나서야 비로소 남편과 소통하며, 묻어두었던 감정을 드러내기 시작한다. 익숙한 일상 속에서 가려졌던 감정들

이 서서히 드러나며, 두 사람의 관계는 단순한 계약의 틀을 넘어 새로운 가능성을 찾아가는 전환점을 맞이한다.

협박 전화라는 어두운 소재로 시종 긴장감을 유지하게 하면서도, 예상하지 못한 지점에서 따뜻한 순간들을 교차시키는 방식으로 로맨스릴러 장르의 매력을 극대화한다. 무심한 척하면서도 아내의 일이라면 앞뒤 가리지 않는 백사언의 모습이나, 그런 남편에게 설렘과 당혹감을 동시에 느끼는 홍희주의 반응은 무거운 서사에 유쾌함을 얹는다. 이들은 장르적 재미를 유지하면서도, 관계 변화라는 본질적 메시지를 놓치지 않는다. 예상치 못한 사건을 계기로 서로의 진심을 확인하게 되는 과정은 현대 사회의 관계 회복에 대한 희망을 담아낸다.

<지금 거신 전화는>은 단순한 엔터테인먼트로의 영역을 넘어, 소통이 관계에 가져오는 변화를 탐구한다. 정략결혼이라는 외피는 단절의 상징으로 기능하고, 협박 전화는 이를 깨는 극적 계기로 작용한다. 하지만 드라마의 진정한 가치는 사건을 넘어 그 과정에서 두 사람이 서로의 진심과 마주하며

성장하는 데 있다.

 "말하지 않으면 모른다. 말하지 않아도 아는 것은 없다."
제작진의 기획 의도에 적힌 이 두 문장은 단순하지만, 현대
사회에 강렬한 울림을 주기에 충분하다. 대화와 소통은 단순
한 기능이 아니라 관계의 본질을 결정하는 요소다.

 드라마는 협박 전화라는 비극적 계기를 통해 대화와 소
통의 중요성을 재조명하며, 진심을 전하는 일이 관계 회복의
출발점임을 일깨운다. 결국 <지금 거신 전화는>은 현대인의
단절된 현실에 따뜻한 위로를 건네는 작품이다. 예상치 못한
전화 한 통처럼, 소통의 기회는 언제든 우리 곁에 다가올 수
있다. 중요한 것은 바로 그 순간, 진심으로 마주할 용기와 태
도를 갖는 일이다.

정통 멜로로 담아낸
사랑의 보편성

<사랑 후에 오는 것들>

자극 없는 서사 속에서
피어나는
클래식 멜로의 아름다움

쿠팡플레이 6부작 시리즈 <사랑 후에 오는 것들>
What Comes After Love | 2024.09.27~2024.10.25

누구에게나 잊지 못할 사랑의 순간이 있다. 가슴이 저릿하도록 뜨거웠던 그 시절, 또는 잔잔한 추억으로 남아 마음 깊숙하게 자리한 그러한 순간 말이다. 순수하지만 서툴렀고, 뜨겁지만 서글펐던 당시의 순간을 다시 슬쩍 꺼내보게 만드는 작품이 바로 드라마 <사랑 후에 오는 것들>이 아닐까.

쿠팡플레이 시리즈 <사랑 후에 오는 것들>은 요즘 보기 드문 클래식 멜로를 표방한다. 최근 K-콘텐츠들은 독특한 설정과 극단적인 서사로 시선을 사로잡고 있지만, 이 작품은 그 흔해빠진 재벌 2세나 출생의 비밀, 복잡한 음모나 파격적인 사건이 부재하다. 그저 사랑과 이별, 그리고 그 후에 복잡하게 번지는 감정을 진득한 밀도로 보여주고 들려줄 뿐이다. 정통 멜로의 흐름을 따라, 과거와 현재가 어지럽게 얽힌 두 사람의 재회가 어떤 결말로 나아갈지 모두 숨죽여 지켜보게 만든다. 그것은 다시 시작할 기회일 수도, 완전한 이별일 수도 있다.

<사랑 후에 오는 것들>은 지난 2005년 발간된 동명의 소설을 원작으로 한다. 한국 작가 공지영과 일본 작가 츠지 히

토나리가 함께 집필한 소설은, 약 20년이라는 세월을 뛰어넘어 화면으로 고스란히 옮겨졌다. 한국과 일본의 배우, 한국과 일본에서의 촬영 등은 작품이 품고 있는 본질적인 매력에 생동감 넘치는 색채를 덧입혔다. 사랑과 이별, 도쿄의 벚꽃과 서울의 흰 눈, 그리고 홍(이세영)과 준고(사카구치 켄타로)로 시시각각 뻗어나가는 요소들은 이질적인 것들 사이에서 서로에게 스며들어 하나의 이야기로 녹아든다. 감각적인 화면과 감정을 건드리는 음악은, 사랑이라는 보편적인 감정을 슬며시 건네며 우리를 작품 속으로 초대한다. 국가나 문화를 초월한 커다란 울림과 공감이 마음 위에 얹혀진다.

문현성 감독의 섬세한 연출, 그리고 이세영과 사카구치 켄타로를 비롯한 한일 배우들의 열연은 작품의 몰입감을 극대화한다. 일본에서 만난 준고와 사랑에 빠진 홍(이세영)은 긍정적이고 활기 넘치는 모습으로 우리에게 미소를 안겼지만, 5년 후 한국에서의 홍은 절제된 감정 속에 그리움과 혼란을 품고 살아간다. 이 극명한 변화는 오랜 시간이 흐른 두 사람의 관계를 설득력 있게 보여주며, 시청자로 하여금 홍의 감정 여정을 따라가도록 이끈다.

과거의 기억 속에 머문 채로, 홍과의 사랑을 끝내지 못한 준고(사카구치 켄타로) 역시 강렬하다. '그때 내가 무슨 말이라도 했었다면…'을 되뇌는 준고의 눈빛에는 그리움과 후회가 깊이 서려 있다. 공원을 달리는 홍의 모습, 두 사람이 함께 지녔던 보노보노 커플 키링, 그리고 과거의 약속을 담은 몽블랑 케이크는 현재와 과거를 잇는 두 사람의 시간을 종이처럼 포갠다.

　　두 사람의 곁에는 민준(홍종현)과 칸나(나마쿠라 안)도 존재한다. 네 명의 인물로부터 가지처럼 뻗어나온 각각의 사랑은, 수시로 소용돌이치는 감정의 폭풍 속에서 복잡하게 얽히고설키며 각자의 선택과 결심을 어지럽고 혼란스럽게 만든다. 홍의 감정 변화를 눈치챈 민준이나, 준고가 매달린 추억에 슬퍼하는 칸나 역시 또 다른 형태의 공감을 소환하기에 부족함이 전혀 없다.

　　글로벌로 뻗어가는 K-콘텐츠는 그동안 작품이 품고 있는 특유의 문화적 색이나 고유한 서사로 주목받았지만, 이로 인해 발생하는 인식의 괴리를 어느 정도 감안해야만 했던 것도 사실이다. 반면 <사랑 후에 오는 것들>은 사랑이라는 감정, 이별이 주는 아픔, 재회의 순간 등 인간이라면 누구라도 쉽게 공감할 수 있는 보편적인 감정을 섬세하게 묘사하는 데 몰두함으로써 이러한 제약을 쉬이 뛰어넘는다. 이는 극 중에서 한국인 홍과 일본인 준고가 나라와 언어의 장벽을 넘어서 단기간에 깊은 감정을 교류하고 사랑을 나누는 것과도 일치한다.

<사랑 후에 오는 것들>은 클래식 멜로의 매력을 통해 진정성 있는 사랑의 의미를 탐구하며, 자극적인 요소 없이도 깊은 여운을 남길 수 있음을 여실히 증명한 작품이다. 사랑이 끝난 후에야 비로소 마주하게 되는 그리움과 후회, 그리고 두 사람의 변화와 성장은 그동안 자극적인 소재에 익숙해진 시청자들에게 오히려 신선한 감동을 선사한다. 2005년에 출간된 소설 속 주인공들의 감정이 2024년 화면으로 옮겨져도 그 보편성과 진정성이 관객들에게 깊이 전달될 수 있었던 것은, 사랑을 주제로 한 수많은 고전 작품들이 지금도 세대를 초월해 감동을 주는 것과 다르지 않다.

이 작품은 감정이 점점 메말라가는 현대 사회에서 잊히기 쉬운 진정한 사랑의 중요성을 다시금 떠올리게 만드는 힘이 있다. 작위적인 설정 없이도 진정성만으로 관객의 마음 깊이 스며들며, 사랑이라는 감정이 인류에게 언제나 가장 중요한 가치임을 짙게 상기시킨다. 아마도 <사랑 후에 오는 것들>은 잠깐의 반짝임에 그치지 않고, 오래도록 기억될 작품으로 남을 것이다.

거짓 신분으로 산다는 것

<옥씨부인전>

조선 시대
신분제의 굴레와
오늘날의
보이지 않는 계급

JTBC 16부작 드라마 <옥씨부인전>
The Tale of Lady Ok | 2024.11.30~2025.01.26

도망친 노비가 양반가의 아씨로 살아간다면? 단 한 문장으로 시청자의 호기심을 단번에 사로잡는 JTBC 드라마 <옥씨부인전>은 조선 시대라는 철저한 신분제 사회를 배경으로, 피라미드 최하위에 속한 여성 노비가 신분을 위조해 양반 부인의 삶을 살아가는 과정을 그린다. 극적인 서사를 통해 당대의 모순된 질서를 해부하며, 오늘날까지 이어지는 불평등의 단면을 날카롭게 드러낸다.

<옥씨부인전>의 주인공 구덕이(임지연)는 생존의 벼랑 끝에서 신분의 경계를 넘어선다. 노비로 태어나 주인댁의 가혹한 학대 속에서도 살아남기 위해 온갖 기술을 익히며 하루하루를 버텨온 그녀는 우연히 양반가의 딸 옥태영으로 신분을 바꿀 기회를 맞는다. 이 선택은 단순한 욕망이나 탐욕의 발로가 아니었다. 조선이라는 억압적 신분제가 강요한, 생존을 위한 필사적인 선택이었다. 하지만 거짓은 반복될수록 익숙함으로 변하고, 결국 그녀의 삶에 깊이 박힌 일부가 되어간다.

시청자는 자연스럽게 구덕이의 선택에 공감하고 이해하

게 된다. 그녀가 처한 가혹한 현실과 새로운 삶을 향한 처절한 몸부림은 인간적인 연민을 불러일으키기 충분하다. 하지만 그러한 공감이 이어지면, 우리는 본질적인 질문과 마주하게 된다. 과연 구덕이가 선택한 거짓된 신분이라는 생존 전략은, 그 시대적 억압 속에서 불가피했음을 인정받아야 하는가? 더 나아가, 이러한 생존의 선택을 오늘날의 사회적 맥락에서는 어떻게 해석할 수 있을 것인가.

신분 위조라는 소재는 현대 사회에서도 낯설지 않다. 학력 위조, 경력 위조 등 신분을 속이는 사건은 뉴스에서 빈번히 다뤄지며, 이는 개인적 일탈을 넘어 사회적 신뢰를 무너뜨리는 중대한 범죄로 간주된다. 물론, 일부 경우에서는 사회 구조의 불평등과 기회 격차가 이러한 선택을 부추기기도 한다. 그러나 그 동기가 아무리 절박하더라도, 신분 위조가 정당화될 수는 없다.

콘텐츠에서도 신분 위조는 인간의 욕망과 윤리의 경계를 탐구하는 소재로 꾸준히 활용되어 왔다. 프랑스 판사 쟝 드 코라스가 기록한 실화 기반의 『마르탱 게르의 귀환』부터, 영화 <화차>, 넷플릭스 시리즈 <애나 만들기>와 쿠팡플레이 시리즈 <안나>에 이르기까지, 이 주제는 시대를 초월해 다양한 배경 속에서 변주되며 논의의 장을 열었다. 이러한 작품들은 신분 위조를 단순히 범죄로만 묘사하지 않고, 이를 선택하게 만든 사회적 압박과 인간적 욕망의 복합적 면모를 조명해왔다.

이런 맥락에서 <옥씨부인전>이 구덕이의 선택을 다루는 방식은 작품의 메시지에 결정적인 영향을 미친다. 그녀의 이야기를 단순히 낭만적으로 그리거나 성공 서사로 포장한다면, 신분 위조라는 행위의 본질과 윤리적 경계를 흐릴 위험이 있다. 시청자가 "그럴 수밖에 없었겠다"고 이해하는 것과 "그 선택이 옳았다"고 받아들이는 것은 분명히 다른 차원의 문제다.

구덕이의 선택은 조선이라는 억압적 신분제 속에서 생존을 위한 필연이었지만, 동시에 그것은 윤리적 한계와 맞닿아 있다. 작품은 그녀의 선택이 단지 개인의 도덕적 문제를 넘어, 사회 구조적 문제에서 기인한 것임을 설득력 있게 보여주어야 한다.

드라마는 구덕이의 삶을 통해 우리 사회에도 명확한 질문을 던진다. "구덕이는 왜 그런 선택을 할 수밖에 없었는가?" 그리고 <옥씨부인전>은 조선 시대 신분제의 모순을 비판하는 데 그치지 않고, 현대에도 여전히 존재하는 보이지 않는 불평등의 구조를 날카롭게 환기한다.

<옥씨부인전>이 흥미로운 이유는 조선 시대라는 배경을 통해 이렇게 현대 사회와의 연결 지점을 섬세하게 포착했다는 점이다. 구덕이의 선택은 단순히 개인적 차원의 문제가 아니다. 그것은 신분제라는 구조적 억압 속에서 비롯된 필연적 결과였다. 그러나 신분제가 사라진 현대 사회는 과연 얼마나 달라졌을까? 표면적으로는 평등이 보장된 듯 보이지만, 보이지 않는 계급과 불평등은 여전히 존재한다. 부와 권력을 가진 소수가 기득권을 독점하며, 다수는 사회적 벽에 갇혀 있다. 구덕이의 이야기는 과거의 신분제를 배경으로 하지만, 오늘날까지 이어지는 불평등의 잔상을 생생히 드러낸다.

결국 이 이야기는 단순히 과거의 문제를 지적하거나 한 개인의 생존기를 미화하려는 것이 아니다. 드라마는 한 걸음 더 나아가 묻는다. "우리는 어떻게 그런 선택이 필요 없는 사회를 만들 것인가?" 구덕이의 이야기는 단순히 오래된 시대의 비극이 아니라, 오늘날의 현실을 성찰하고 변화를 모색하도록 이끄는 촉매가 되어야 한다.

삶과 죽음의 경계,
그곳에 남겨진 불빛

<조명가게>

판타지와 호러로
풀어낸 감동, 그리고
인간의 의지와 연대

디즈니+ 8부작 시리즈 <조명가게>
Light Shop | 2024.12.04~2024.12.18

길고 어두운 골목의 끝, 유난히 홀로 밝게 빛나는 조명가게가 있다. 한밤중, 누구인지 모를 사람들이 하나둘 이곳을 스친다. 그들의 표정엔 흐릿한 감정들이 서려 있다. 기묘한 분위기가 이어지고, 섬뜩한 장면들이 보는 이를 일순 놀라게 만든다. 미스터리한 호러 장르로 문을 여는 이 이야기는, 회차를 거듭할수록 판타지를 가미한 드라마로 번지며 따뜻한 슬픔을 향해 나아간다. 디즈니+ 시리즈 <조명가게>는 단순히 무섭거나 기괴한 심령 호러물이 아니다. 삶과 죽음, 그리고 그 사이의 경계를 통해 우리가 잊고 있던 중요한 무언가를 다시금 일깨워주는 이야기다.

강풀 작가의 동명 인기 웹툰을 원작으로 한 <조명가게>는 공개 직후부터 큰 주목을 받았다. 이미 <무빙>을 통해 글로벌 OTT 시장에서 강렬한 인상을 남긴 강풀은 이번에도 극본을 직접 집필하며 자신만의 세계관을 한층 확장했다. 특히 <무빙>에서 배우로 활약했던 김희원이 감독으로 데뷔해 작품에 독특한 감각과 서사적 깊이를 더했다.

주지훈, 박보영, 김설현, 엄태구, 김민하, 이정은 등 굵직한 배우들이 대거 출연하며 작품에 대한 기대감을 한층 높였다. 무엇보다 눈길을 끄는 점은, 각각의 에피소드에 등장하는 배우들이 짧은 분량에도 불구하고 각자의 몫을 완벽하게 소화하며 서사를 단단히 완성했다는 사실이다. 이는 기존 옴니버스 형식의 작품들이 종종 기계적으로 단절돼 구성되거나, 단순히 '초호화 캐스팅' 홍보용으로 소비됐던 것과 확연히 다른 점이다.

이처럼 모든 배우들의 연기가 돋보이는 <조명가게>는 두 개의 공간을 주축으로 한다. 하나는 사후세계로 설정된 '조명가게'와 그곳으로 이어지는 길고 어두운 골목길, 다른 하나는 현실 세계에서 생(生)과 사(死)가 공존하는 중환자실이다. 조명가게 주인 정원영(주지훈)은 떠도는 이들을 맞이하고 지켜본다. 조명가게를 찾은 사람들 중 대부분은 자신이 죽음을 내딛고 있다는 사실조차 자각하지 못한 채 방황한다.

병원의 중환자실은 삶과 죽음의 경계다. 간호사 권영지(박보영)는 생사의 기로에 선 환자와 그들의 가족을 돌보며 고통과 슬픔을 누구보다 절절하게 체감한다. 영지는 생사의

K- 콘텐츠의 맥락

경계를 넘나들었던 경험으로 인해 죽은 자를 볼 수 있다는 설정을 갖는다. 조명가게와 중환자실은 물리적으로는 독립된 공간처럼 보이지만, 이 두 경계는 서로 긴밀히 얽혀 있으며 작품의 주제와 메시지를 함께 조립해 나간다.

<조명가게>에서 반복적으로 등장하는 키워드는 '의지'다. 작품은 단순히 환자 본인의 의지만이 아니라, 주변인의 의지가 연대해 생사의 기로에서 결정적인 역할을 한다는 점을 거듭 강조한다. "삶은 의지로 창조된다"는 니체의 철학적 관점처럼, 이 작품은 생의 의지와 집단적 연대가 어떻게 비로소 기적을 만들어내는지를 보여준다. 죽음이 불가피한 운명이 아니라, 서로를 향한 믿음과 사랑이 때로는 그마저도 거스를 수 있음을 암시한다.

이러한 메시지는 호러와 판타지라는 틀 안에서 더욱 효과적으로 전달된다. 흔히 이런 장르에서는 죽음을 단순히 공포의 대상으로 소비하거나, 슬픔을 강조하는 데 그치는 경우가 잦다. 그러나 <조명가게>는 삶과 죽음의 경계라는 독창적 설정을 통해 생의 의지와 주변인의 연대가 만들어내는 감

동을 전하며, 단순한 자극을 넘어선 서사적 깊이를 구현한다.

실질적으로 오늘날의 OTT 플랫폼 콘텐츠는 막대한 자본을 바탕으로 한 기술적 진보와 화려한 자극을 무기로 삼는 경우가 대부분이다. 하지만 <조명가게>는 이를 넘어, 인간적 감성과 철학적 사유를 결합한 콘텐츠로 깊은 여운을 남긴다. 삶과 죽음이라는 보편적 주제를 판타지와 호러라는 장르적 틀 안에 녹여내며, 콘텐츠가 단순한 오락을 넘어선 위로와 성찰의 도구가 될 수 있음을 증명한 셈이다.

<조명가게>는 위안의 콘텐츠다. 의식이 없는 환자와 그 곁을 지키는 가족들에게 조명가게라는 가상의 공간을 통해 삶의 의지와 연대의 힘을 일깨운다. 그 빛은 환자에게는 생의 가능성을, 가족에게는 희망을 싹틔우며, 인간 존재의 깊이를 다시금 돌아보게 한다. 판타지와 호러라는 형식을 통해 그려낸 이 메시지는, 오늘날 OTT 콘텐츠가 단순히 자극과 기술에 그치지 않고, 감동과 성찰로 이어질 수 있음을 웅변한다. <조명가게>는 위안과 희망을 전하는 콘텐츠로, OTT

플랫폼이 추구해야 할 방향성을 선명히 제시한 작품으로 남을 것이다.

경고인가, 심판인가?
현실이 된

<지옥>

단죄의 열광이 만들어낸 도덕적 폭력의 디스토피아

넷플릭스 6부작 시리즈 <지옥2>
Hellbound | 2024.10.25

"악인은 죽어도 싸다." 이런 단죄적 감정이 이제는 대중 문화의 주류가 되었다는 사실을 부정할 수 없다. TV와 SNS 에는 범죄자를 심판하고 단죄하는 과정에서 카타르시스를 느끼며 정의로운 사회를 꿈꾸는 콘텐츠가 넘쳐난다. 넷플릭 스 시리즈 <지옥>은 이러한 단죄 열망이 초래할 수 있는 어 두운 이면을 예리하게 포착한다. 2021년 첫 시즌 공개 이후, 2024년 10월에 시즌2로 다시 돌아온 <지옥>은 초자연적 고 지와 시연으로 시작하여, 폭력적 사회로 변모해가는 디스토 피아적 현실을 그리고 있다. <지옥>은 단죄의 이면을 탐구 하며, 공포와 신념이 인간성을 어떻게 잠식하고, 집단이 폭 력과 독선으로 변질될 수 있는 위험성을 경고한다.

　<지옥>의 세상은 어느 날 갑자기 천사가 특정 인물에게 고지(告知)를 내리는 순간부터 혼란에 빠져든다. 죽을 날짜 와 시간을 예언해 공포를 심고, 예언된 시간이 오면 지옥의 사자들이 나타나 시연(試演)을 통해 처벌한다. 이 초자연적 현상은 단순히 한 개인의 불운을 넘어 사회 전반에 퍼져, 집 단의 정의와 도덕적 가치관을 뒤흔든다. 대중은 자신이 이해 하지 못하는 현상에 대해 종교적 해석을 받아들이며, 새진리

회와 같은 단체에 의존한다. 이는 사람들이 자신이 모르는 것을 두려워하고, 그 두려움이 무비판적으로 집단에 동조하게 만드는 인간의 취약성을 드러낸다. 새진리회, 화살촉, 소도 같은 집단들이 혼란 속에서 각자의 신념을 내세워 정의를 자처하지만, 권력의 중심에 다가갈수록 정의는 폭력과 잔혹함으로 변질된다. 그들은 자신들의 신념을 절대적이라 믿으며, 이를 강요하는 과정에서 인간성을 점차 상실해 간다.

소도는 이러한 도덕적 폭력이 어떻게 변질될 수 있는지를 극명하게 보여주는 사례다. 시즌1에서 소도는 새진리회와 화살촉에 맞서는 정의로운 저항 세력으로 출발했지만, 시즌2에서는 '정의를 지킨다'는 자의식 속에서 폭력을 정당화하며 타락의 길을 걷는다. 처음에는 신의 심판에 대해 의문을 품고 인간의 자율성을 강조한다는 명분을 내세웠지만, 시간이 흐르면서 그들 역시 무자비한 수단을 사용하는 집단으로 변모한다. 소도의 변질은 정의가 권력화될 때, 그 안에 폭력과 독선이 스며들 수 있음을 경고하며, 도덕적 폭력이 신념이라는 이름 아래에서 쉽게 정당화될 수 있는 위험을 보여준다. 이는 오늘날 사회에서도 쉽게 발견되는 현상이다. 정의와 신념으로 출발한 집단이 시간이 지나며 권력에 잠식되어 본래의 정당성을 잃어가는 모습은, '지옥'이 현대 사회에 보내는 날카로운 경고라 할 수 있다.

이 드라마는 또한 진실과 신념 사이의 모순도 보여준다. 새진리회는 특정 신념을 진실로 만들어 사람들을 따르게 하지만, 시즌2에서 지옥행을 당했던 인물들이 부활하며 그 진실이 흔들리게 된다. 이는 우리가 신념이라고 믿어왔던 것들이 실제로는 진실이 아닐 수 있음을 암시하며, 절대적 진리와 권위에 대한 비판적 관점을 제공한다.

더불어 <지옥>은 공포의 정치학이 인간 심리를 어떻게 조작하고, 불안한 사회를 지배하는지를 생생하게 드러낸다. 현대 사회는 환경 문제, 경제 불황, 질병 같은 거대한 불안 요소에 휩싸여 있으며, 사람들은 이러한 공포 속에서 안정과 보호를 찾기 위해 권력이나 권위에 의존하게 된다. 이 과정에서 공포의 정치학은 '우리 vs 그들'이라는 구도를 만들어 특정 집단에 대한 적대감을 조장하고, 내부 결속을 강화하여 통제를 용이하게 만든다. 작품 속 새진리회와 같은 집단이 공포를 자산화해 사람들을 조종하는 방식은, 현대 사회에서 미디어와 정치가 공포를 통해 사회를 통제하는 방식과 크게 다르지 않다. 공포는 강력한 통제 수단이 되어, 사람들은 불안 속에서 점차 자유와 인간성을 상실해간다. 특히, 극단적 폭력으로 치닫는 화살촉의 모습은 디지털 시대의 '온라인 마녀사냥'을 떠올리게 한다. 결과적으로 <지옥>이 그려내는 이 현실적 지옥은 공포가 자산화되고 정치적 도구로 활용되는 과정을 날카롭게 지적하며, 현대 사회에 경각심을 일깨운다.

<지옥>은 초자연적 심판의 공포를 그리는 스릴러를 넘어, 현대 사회의 불확실성과 도덕적 혼란을 고발하고 있다. 드라마는 인간이 알 수 없는 신의 심판이 도시에 내려지며 시작되지만, 그 심판의 기준과 이유가 불명확하다는 점에서 큰 긴장감을 자아낸다. 이러한 설정은 현대 사회가 직면한 다양한 도덕적 딜레마와 불확실성을 상징적으로 드러낸다. 사람들은 군중 속에서 스스로 보호받고 있다고 느끼는 동시에, 군중의 정의에 쉽게 동화된다. 이 과정에서 개인은 책임감을 희석시키며, 때로는 폭력적인 행위조차 정당화하게 된다. <지옥> 속 인물들이 보여주는 도덕적 타락은 바로 이러

한 집단 심리가 변질된 결과다. 각자의 정의는 정당해 보이지만, 그로 인해 발생하는 폭력과 갈등을 결코 부정할 수 없는 현실로 드러난다.

결국, <지옥>은 인간이 만들어낸 공포와 신념의 폭력이 어떻게 인간성을 상실시키고, 사회를 파괴하는지에 대한 날카로운 경고를 새긴다. 초자연적 현상은 그저 이야기를 여는 장치에 불과하다. 그 뒤에 자리한 것은 사회적 단죄와 집단 심리가 만들어낸 디스토피아적 세계다. 거대한 흐름에 휩쓸려 삶이 박살난 천세형(임성재)이 "신의 의도를 알았다!"라고 외치며 덧붙인 말은 작품의 핵심을 꿰뚫는다. "아무 의미도 없는 거에 의미를 부여해서, 서로 죽이는 사람들로 가득한 세상을 만들려고 한다." 이는 <지옥>이 던지는 근본적인 질문을 집약한다. 진정한 지옥은 사후가 아니라 우리 사이에 있다. 사회적 불안이 심화되는 과정 속에서, 서로가 서로에게 지옥이 되어가는 현실을 상징하는 셈이다. 정의와 신념이 폭력과 독선으로 변질되지 않으려면, 우리는 무엇을 지켜야 하는가? <지옥>이 그려낸 디스토피아적 현실은 단순한 허구가 아닌, 이미 우리 앞에 놓인 문제다.

자발적 선택이라는
완전한 착각

<오징어 게임 2>

자유 의지인가,
시스템의 덫인가?

넷플릭스 7부작 시리즈 <오징어 게임 2>
Squid Game 2 | 2024.12.26

<오징어 게임>은 드라마의 범주를 넘어 전 세계적 현상으로 자리 잡았다. 넷플릭스를 통해 글로벌 무대로 도약한 이 작품은 비영어권 드라마 최초로 에미상을 수상하며, K-콘텐츠의 새로운 이정표를 세웠다. 어린 시절의 순수한 놀이가 목숨을 건 경쟁으로 변모하는 순간, 관객들은 단순한 오락을 넘어 불편한 질문과 마주해야 했다. 자본주의 체제 속에서 인간 본성은 얼마나 왜곡되고 조작될 수 있는가? <오징어 게임>은 서바이벌 게임이라는 외형 속에 현대 사회의 축소판을 담아내며, 관객들에게 스스로를 되돌아보게 만드는 강렬한 메시지를 남긴 작품이었다.

그리고 3년 만에 돌아온 시즌2는 이러한 메시지를 이어받아 확장된 세계관과 새로운 인물, 그리고 정교하게 설계된 게임을 선보였다. 이번 시즌은 생존 경쟁의 외형을 넘어, 선택의 허상과 시스템이 강요하는 억압이라는 더 깊은 문제를 탐구하는 장치로 작동한다. 참가자들은 겉으로는 자유로운 선택을 부여받은 듯 보이지만, 그 선택의 이면에는 게임 설계자가 의도한 분열과 갈등의 구조가 교묘히 자리 잡고 있다.

이러한 구조는 시즌2의 핵심 장치인 'OX 투표'에서 도드라진다. 참가자들은 게임의 속행 여부를 결정짓는 이 투표를 통해 겉으로는 공정하고 자율적인 선택을 하는 듯하지만, 실질적으로는 시스템이 설계한 대립 구도에 따라 움직일 수밖에 없다. 각자의 생존이 걸린 상황에서 이들은 갈등과 불신을 키우며 게임 주최 측의 의도에 맞춰 행동하게 된다.

OX 투표는 공정성과 자유라는 이름 아래 이루어지는 선택의 허상을 상징적으로 보여준다. 겉보기에는 민주적인 과정처럼 보이지만, 그 내면은 권력 구조가 의도한 갈등을 강화하는 도구로 작동한다. 참가자들은 연대의 기회를 잃어가며 점점 더 시스템이 설계한 틀에 갇히게 된다. 게임 밖에서도 빚과 가난, 억압에서 벗어날 수 없는 현실은 이들이 자유로운 선택을 한다는 환상을 무너뜨리고, 게임 설계가 강요하는 선택의 본질을 적나라하게 드러낸다.

현실로 시선을 돌려보면, OX 투표는 현대 사회의 축소판처럼 읽힌다. 우리는 얼마나 자유롭게 선택할 수 있는가? 교육, 고용, 주거 같은 시스템은 겉보기에는 공정성을 표방하지만, 실제로는 구조적 제약 속에서만 작동 가능하다. 참가자들의 투표는 그들이 시스템 안에서 움직이는 '장기말'에 불과하다는 점을 날카롭게 꼬집는다.

시즌2는 게임 바깥에서 형성된 인간관계를 게임 안으로 끌어들이며, 서사에 새로운 층위를 더했다. 성기훈(이정재)과 오랜 친구 정배(이서환)는 기존의 신뢰를 바탕으로 빠르게 협력하며 긴장을 완화하고, 가족의 생존을 위해 게임에 참가한 용식(양동근)과 그의 어머니 금자(강애심) 역시 핏줄의 유대감을 통해 서로를 지탱한다. 반면, 악의나 적의를 품은 참가자들은 내부 연대를 방해하며 갈등을 고조시킨다. 코인 투자 유튜버 명기(임시완)와 그의 잘못된 투자 정보로 인해 삶이 무너진 이들은 이러한 갈등의 중심에 서게 된다.

이번 시즌은 사회적 약자들의 이야기를 통해 권력 구조가 어떻게 억압을 작동시키는지를 더욱 적나라하게 드러낸다. 성확정 수술을 위해 돈이 필요한 트랜스젠더 현주(박성훈), 아픈 딸의 치료비를 마련해야 하는 아빠 경석(이진욱), 생계를 위해 임신한 상태로 게임에 참여한 준희(조유리) 등.

이들의 사연은 단순한 연민을 넘어서, 시스템이 약자들에게 선택을 가장한 생존을 강요하는 방식을 날카롭게 보여준다. 불행의 크기는 채무의 숫자로 환산되고, 그 숫자는 누가 더 불행한가를 입증하는 도구로 작동한다. 이는 현대 자본주의 체제 속에서 약자들이 처한 현실을 상징적으로 압축한다.

시즌2는 확장된 세계관과 심화된 체제 비판으로 의미 있는 진전을 이루었다. 그러나 시즌3를 염두에 둔 열린 결말은 다음 시즌에 대한 기대감을 남기는 동시에, 독립적인 작품으로서의 완성도를 약화시키는 한계로 작용했다. 새로운 캐릭터와 다채로운 설정이 추가되었지만, 전작을 뛰어넘는 강렬함이나 유기적 연결고리의 미흡이 아쉬움을 남긴다.

그럼에도 불구하고, <오징어 게임>은 서바이벌 장르를 넘어 현대 사회를 집요하게 비추는 거울로서의 역할을 이어가고 있다. 우리는 과연 삶을 자율적으로 선택하고 있는가? 우리의 선택은 정말 우리 자신의 의지인가? 시즌2가 던진 이 질문들은 여전히 유효하며, 시즌3는 이 질문들에 답을 모색할 중요한 기회가 될 것이다. 시스템과 인간성의 충돌 속에

K- 콘텐츠의 맥락

서 어떤 메시지를 전달할지, 관객들은 여전히 숨을 죽이며
기다리고 있다.

추천의 글

··· 이 세상의 모든 콘텐츠는 우리가 사는 세상을 비춘다. 박현민 평론가는 언제나 그 상관관계를 읽어내고 기록해왔다. K-콘텐츠를 통해 K-사회를 들여다보는 그의 탐구는 지금도 계속되고 있다. K-콘텐츠의 세계를 여행하고자 하는 이들에게, 이 책은 '완벽한 비서'가 되어 줄 것이다.

- 문현성 <사랑 후에 오는 것들> 감독

K- 콘텐츠의 맥락 : 숨겨진 메시지

···   박현민 작가는 오랫동안 한국 대중문화의 중심에서 날카로운 관찰자이자 기록자로 활동해 왔다. 즐겁되 결코 가볍지 않은 시선으로 한국 대중문화의 현주소를 정확히 포착한 이 책을 만났을 때, 나는 오랜만에 반가운 길잡이를 얻은 기분이었다. 우리는 종종 '무엇을 볼 것인가'라는 선택의 기로에 선다. 이 책은 예리한 통찰로 현재 한국 콘텐츠의 지형도를 그려내며, 독자들에게 분별력 있는 안내자가 되어줄 것이다. 끝없이 쏟아지는 드라마와 영화들 사이에서 놓치지 말아야 할 진짜 이야기를 발견하고 싶은 독자라면, 이 책을 통해 콘텐츠를 읽어내는 새로운 관점을 얻을 수 있을 것이다.

-김진영 소설 『마당이 있는 집』 작가 & 영화 <미혹> 감독

···   창작자의 의도를 정확히 포착하고 해석하는 탁월한 시선을 지닌 저자의 신작! 알고 보면 더 흥미로운 콘텐츠 해설집, 타고난 '미슐랭 드라마 가이드'가 안내하는 이야기 속으로 빠져들어 보자.

- 박호식 <최악의 악>, <지금 거신 전화는> 제작사 바람픽쳐스 대표

··· 창의적인 이야기로 상상 이상의 결과를 만들어내는 마법 같은 콘텐츠 산업. 이를 꿰뚫어보는 특유의 인사이트가 반짝인다. 보다 도전적으로 콘텐츠 산업을 이끌어가고자 한다면, 반드시 꼭 읽어야하는 책!

- 이상진 LG유플러스 콘텐츠사업담당

··· K-콘텐츠는 매년 전 세계에서 100조 원 이상의 수출을 기록하며, 이제 확고한 효자 산업이 되었다. 벤처캐피탈리스트의 시각으로 읽은 『K-콘텐츠의 맥락: 숨겨진 메시지』는, 익숙한 한국의 문화와 정서가 글로벌 시장에서 어떻게 독창적이고 가치 있는 콘텐츠로 발전했는지를 이해하는 데 큰 도움을 준다. 박현민 평론가의 심도 있는 분석을 따라가다 보면, "한국적 재미는 어떻게 상품화되고, 수익으로 이어지며, 앞으로 어떤 방향으로 진화할 것인가?"라는 질문과 마주하게 될 것이다.

- 강동민 벤처캐피털(VC) 뮤렉스파트너스 대표

K-콘텐츠의 맥락 : 숨겨진 메시지

K-CONTENTS DECODE
: HIDDEN LAYERS

초판 1쇄 발행 2025년 2월 25일

지은이	박현민
디자인	소이컴퍼니
펴낸곳	우주북스
등록	2019년 1월 25일 제2020-000093호
주소	(04735) 서울시 성동구 독서당로 228, 2F
전화	02-6085-2020
이메일	gato@woozoobooks.com
인스타그램	woozoobooks
홈페이지	www.woozoobooks.com

ⓒ박현민, 2025

ISBN   979-11-987498-1-9 (03680)